Kohlhammer
Urban
-Taschenbücher

Band 307

Gisela Bartling
Liz Echelmeyer
Margarita Engberding

Problemanalyse im therapeutischen Prozeß

Leitfaden für die Praxis

Vierte, überarbeitete
und erweiterte Auflage

Verlag W. Kohlhammer
Stuttgart Berlin Köln

Die Deutsche Bibliothek - CIP-Einheitsaufnahme

Problemanalyse im therapeutischen Prozeß : Leitfaden für die Praxis / Gisela Bartling . . . - 4., überarb. und erw. Aufl. - Stuttgart ; Berlin ; Köln : Kohlhammer, 1998
(Urban-Taschenbücher ; Bd. 307)
ISBN 3-17-014510-X

4., überarbeitete und erweiterte Auflage 1998

Stuttgart Berlin Köln
Verlagsort: Stuttgart
Umschlag: Date Images audivisuelle Kommunikation GmbH
Gesamtherstellung: W. Kohlhammer Druckerei GmbH + Co. Stuttgart
Printed in Germany

Inhalt

»Was uns vorweg am Herzen liegt«

Nach der Überarbeitung des vorliegenden Buches für die 4. Auflage gilt es, einer ganzen Reihe von Leuten Dank zu sagen, deren Mitarbeit, Unterstützung und Aufmunterung das Unternehmen mittragen und schließlich auch zu Ende bringen halfen.

Unser ganz besonderer Dank gilt unserer Kollegin Regina Krause, die an der Erstfassung dieses Buches im Jahre 1980 als Co-Autorin maßgeblich beteiligt war. In zahlreichen anregenden Arbeitssitzungen hat sie gemeinsam mit uns das Grundkonzept der »Problemanalyse« entwickelt, mit uns in Lehrveranstaltungen praktisch erprobt und schließlich in Teamarbeit in Buchform gebracht.

Wir danken an dieser Stelle auch den Kollegen und Studenten, die durch ihre stete Bereitschaft zur Diskussion uns hilfreiche Rückmeldung und anregende Kritik gegeben haben.

Die wertvollsten Anregungen und Erfahrungen vermittelte uns die jahrelange therapeutische Arbeit mit Klienten, denen an dieser Stelle unser besonderer Dank gilt.

Wir danken außerdem all denen, die am Computer die Entstehung des Manuskriptes verwirklichen halfen, ganz besonders Frau H. Popovic für ihre Geduld und ihren detektivischen Scharfsinn beim Aufspüren von Unstimmigkeiten und unserem Kollegen Uwe Michalak für die grafischen Gestaltungshilfen.

Zudem freuen wir uns, daß wir für die erläuternde Auflockerung des Textes die Zeichnungen von Wolfgang Hanhardt, Manfred Hardt und unserer Mitautorin Liz Echelmeyer erneut nutzen konnten.

Münster, im Herbst 1997

Gisela Bartling, Liz Echelmeyer, Margarita Engberding

I. Ausgangsüberlegungen – Zum Verständnis des Konzepts

Problemlösemodelle finden in der Klinischen Psychologie seit Jahren auch im deutschsprachigen Raum starkes Interesse und breite Verwendung als Systematisierungs- und Orientierungshilfe (vgl. D'Zurilla u. Goldfried, 1971; Dörner, 1976; Bartling et al., 1980 a; Kämmerer, 1987; Kanfer et al., 1996). Mit Hilfe dieser Konzepte wird versucht, heterogene Befunde, die nicht ohne weiteres in den Rahmen einer einzelnen therapeutischen Richtung einzuordnen sind, für die theoretische und praktische Arbeit zu integrieren.

Auf die zunehmende Differenzierung und Komplexität der Befunde und die Schulen-Zersplitterung innerhalb der Klinischen Psychologie bei gleichzeitiger Inflation von Therapieformen wurde bislang praktisch mit unterschiedlichen Sichtweisen und Verarbeitungsformen reagiert: Die Positionen reichen hier von der theoretischen und methodischen Beschränkung auf sozusagen »reine« Therapieschulen bis hin zur völligen Offenheit gegenüber allen möglichen Varianten theoretischer und praktischer Ansätze, extrem formuliert vom einseitigen Scheuklappendenken bis hin zum pragmatischen Eklektizismus, der oft kaum noch zu unterscheiden ist von der Orientierung am »gesunden Menschenverstand«. Es geht hier grundsätzlich um die Frage, wie Therapie als wissenschaftlich begründete Organisierung neuer Erfahrungen und Verhaltensänderungen angelegt werden soll im Spannungsbogen zwischen paradigmatreuer Beschränkung auf Teilaspekte des Handelns und der wahllosen Offenheit für beliebige Erfahrungen.

Entsprechend haben wir uns seit langem in der eigenen theoretischen Standortbestimmung und auch in der klinischen Praxisausbildung für Studenten darum bemüht, mit Hilfe des Problemlösemodells eine vertretbare Lösung in diesem wichtigen Konfliktfeld der Klinischen Psychologie zu entwickeln.

Wir stellten daher 1980 ein allgemeines Konzept zur Problemanalyse und Planung des therapeutischen Veränderungsprozesses als Leitfaden für die Praxis vor (Bartling, Echelmeyer, Engberding u. Krause, 1980 a). Unser Anliegen entstand damals aus der Erfahrung, daß sich die herkömmliche Form der Verhaltensanalyse für uns von einer Orientierungshilfe zunehmend zu einer Einschränkung entwickelte (siehe auch Caspar, 1996 b). Wir versuchten daher in dem genannten Leitfaden, den Weiterentwicklungen in der Klinischen Psychologie und in der Verhaltenstherapie durch folgende *Erweiterungen* Rechnung zu tragen:

- systematische formale Strukturierung des Therapieprozesses durch das Problemlösemodell
- Berücksichtigung allgemeinpsychologischer, vor allem handlungstheoretischer Befunde in einem umfassenden Verständnis von Verhalten und verhaltenssteuernden Bedingungen
- Analyse des Problemverhaltens auf drei in hierarchischem Verhältnis zueinander stehenden Ebenen (der Ebene des konkreten Verhaltens-in-Situationen, der Ebene von Regeln und Plänen, der Ebene der Systemregeln)
- erweitertes Verständnis der Problemgenese
- explizite Einbeziehung der Therapeut-Klient-Interaktion.

Die praktische Erprobung dieses erweiterten, fünf Phasen umfassenden Modells in Therapie und Ausbildung zeigte seinen Wert als formale Orientierungs- und Strukturierungshilfe. Überblicke über empirische Ergebnisse zur allgemeinen Verwendung von Problemlöseansätzen im Therapiebereich finden sich vor allem bei Marx (1988), Dirksmeier (1991) und Grawe et al. (1994). Besondere Vorteile sehen wir in den flexiblen Einstellungsmöglichkeiten solcher Modelle auf verschiedene »Rasterschärfen« (»Zoom-Modell«) je nach Bevorzugung einer eher mikroskopischen oder makroskopischen Perspektive. Dies erleichtert die beabsichtigte Integration störungs- und methodenspezifischer Befunde.
In der Weiterentwicklung des Leitfadens wurde vor allem der Differenzierung innerer Verarbeitungsprozesse bei der Analyse verhaltenssteuernder Bedingungen Rechnung getragen. Hierbei wurden Ergebnisse der Lernpsychologie und verhaltenstherapeutischen Forschung, die sich auf externe Verhaltensdetermination beziehen, verknüpft mit Befunden der kognitions- und emotionspsychologischen Verhaltenstheorien. Letztere berücksichtigen die Komplexität der Handlungssteuerung angemessener und lassen so Komponenten der Selbststeuerung deutlicher werden.
Das therapeutische Arbeiten mit dem Problemlösemodell geschieht auf dem Hintergrund bedeutender Einflußfaktoren (vgl. *Abb. 1*) auf seiten des Therapeuten, des Klienten sowie der Rahmenbedingungen im gegebenen Kontext. In den gemeinsamen

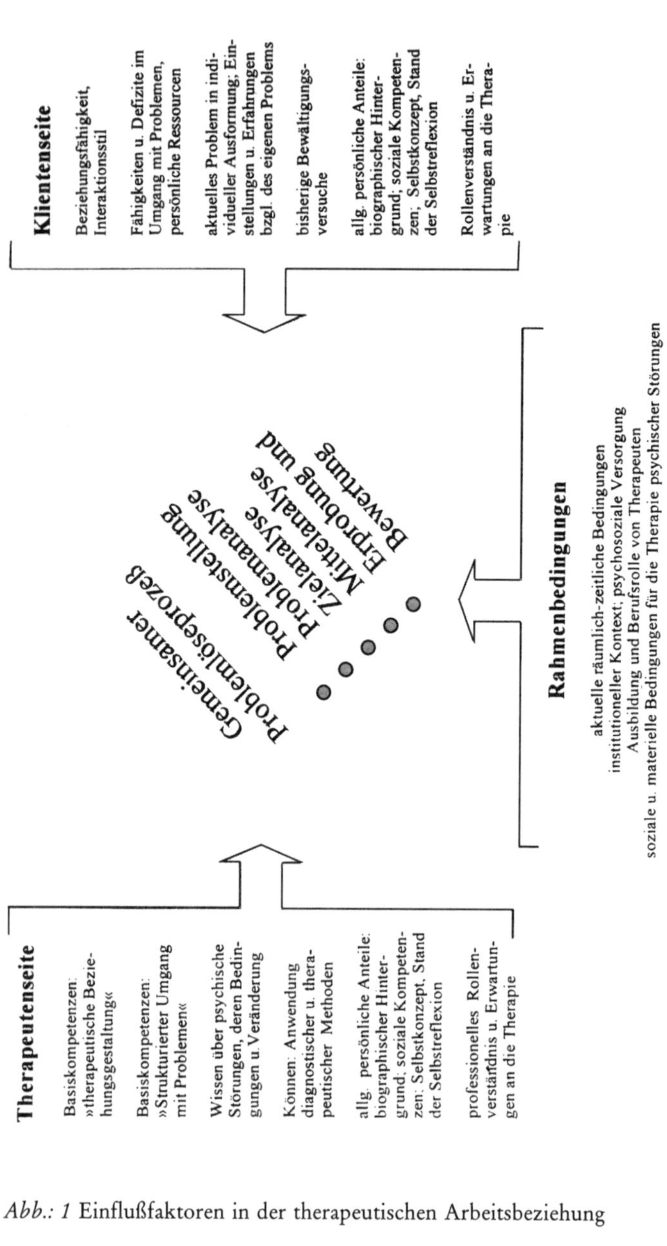

Abb.: 1 Einflußfaktoren in der therapeutischen Arbeitsbeziehung

Prozeß gehen - mehr oder weniger reflektiert - neben Konzepten über psychische Störungen und deren Therapie auch persönliche und professionelle Fähigkeiten, soziale Kompetenzen und Rollenvorstellungen sowie Erfahrungen und Erwartungen steuernd ein. Der Gestaltungsspielraum wird durch die aktuellen räumlichen, zeitlichen, materiellen und sozialen Rahmenbedingungen mitbestimmt.

Im folgenden wollen wir einige grundlegende Vorannahmen erläutern, um dem Leser einen ersten Zugang zum Verständnis des Konzepts zu ermöglichen.

Problem und Problemlöseprozeß

Da der vorliegende Leitfaden zu einem systematischen Vorgehen für eine möglichst große Bandbreite von Ausgangsbedingungen und Arbeitsweisen klinisch-psychologischer Praxis anleiten soll, wird hier für die Bezeichnung des Ausgangspunktes diagnostisch-therapeutischer Veränderungsprozesse der allgemeine, auch umgangssprachlich geläufige Begriff *»Problem«* vorgeschlagen. Dabei ist anzumerken, daß sich im Laufe der gemeinsamen Arbeit das Verständnis darüber, was das »eigentliche« Problem ausmacht, verändern kann.

Nach Dörner (1976, S. 10) entsteht ein Problem dann, wenn sich ein Individuum in einem inneren und äußeren Zustand befindet, den es nicht für wünschenswert hält, es aber im Moment nicht über die Mittel verfügt, diesen unerwünschten Zustand in einen erwünschten Zielzustand zu überführen. Dies kann daran liegen, daß entweder der unmittelbar verfügbare Stand der Kenntnisse oder der Fertigkeiten oder aber beides dazu nicht ausreichen (vgl. auch Klix, 1971; Clauß et al., 1976).

Demnach sind Probleme also im wesentlichen durch drei Komponenten gekennzeichnet:

- durch einen unerwünschten Anfangszustand
- durch einen gesuchten Zielzustand
- durch eine Barriere, die die Transformation vom Anfangszustand in den Zielzustand momentan verhindert.

Die Transformation des Anfangszustandes in einen von ihm abweichenden Zielzustand kann dabei im einzelnen erschwert sein durch mangelnde Klarheit in der Einschätzung des Ist-Zustandes,

das Fehlen bzw. das Nichtkennen der richtigen Operationen oder der richtigen räumlich-zeitlichen Anordnung schon bekannter Operationen oder durch mangelnde Klarheit des Zielzustandes (vgl. Dörner, 1976).
D'Zurilla u. Goldfried, die bereits 1971 die Übertragung des Problemlöseansatzes in die Klinische Psychologie vorschlagen, verwenden den Begriff Problem analog, wenn Defizite irgendwelcher Art ein Individuum daran hindern, eine effektive Antwort auf eine oder mehrere spezifische Situation(en) seines Alltags zu finden. Folgerichtig kann der Therapieprozeß als Problemlöseprozeß verstanden werden. Der Klient wird dabei als ein Mensch gesehen, der sich von anderen nicht unbedingt in der Art oder Anzahl seiner Probleme unterscheidet, sondern der über geringere Problemlösefähigkeiten verfügt oder in bestimmten Situationen nicht in der Lage ist, seine Fähigkeiten zur Problembewältigung eigenständig und erfolgreich einzusetzen (vgl. Guerney u. Stollak, 1965; zusammenfassend Dirksmeier, 1991).
Der *therapeutische Veränderungsprozeß* wird verstanden als *Problemlöseprozeß* im Sinne eines sukzessiven Vorgehens mit Rückkopplungscharakter. Er wird also nicht unterteilt in eine explizit diagnostische und eine davon getrennte therapeutische Phase. Diagnostische und therapeutische Anteile sind vielmehr fortlaufend ineinander verschränkt. Die einzelnen *Stufen des Prozesses* werden in enger Zusammenarbeit zwischen Therapeut und Klient und ggf. Bezugspersonen durchlaufen. Der Therapeut bringt sein Fachwissen ein, wird aber nicht eingeschränkt als »professioneller Problemlöser« für die Schwierigkeiten anderer gesehen. Seine Kompetenz besteht u. E. gerade darin, dieses Fachwissen in der *Kommunikation mit dem Klienten* mit dessen Sichtweise - seinen Erwartungen, Motivationen, Wünschen, Zielen und eigenen Problemlösefertigkeiten - in Verbindung zu bringen, also in einen *gemeinsamen* Problemlöseprozeß mit dem Klienten einzutreten bzw. einen solchen möglichst bald einzuleiten.
Das rege Interesse am Problemlöseansatz hat zu Modellen von formal unterschiedlicher, aber inhaltlich wenig voneinander abweichender Ausdifferenzierung der Teilschritte beim Problemlösen geführt (z. B. D'Zurilla u. Goldfried, 1971; Kämmerer, 1983; Dörner, 1989; Kanfer et al., 1996). Wir schlagen hier ein pragmatisches Prozeßmodell vor, in dem das Vorgehen beim Problemlösen in die fünf Phasen - Problemstellung, Problemanalyse, Zielanalyse, Mittelanalyse, Erprobung und Bewertung von Lösungsschritten - untergliedert wird (siehe *Abb. 2*).

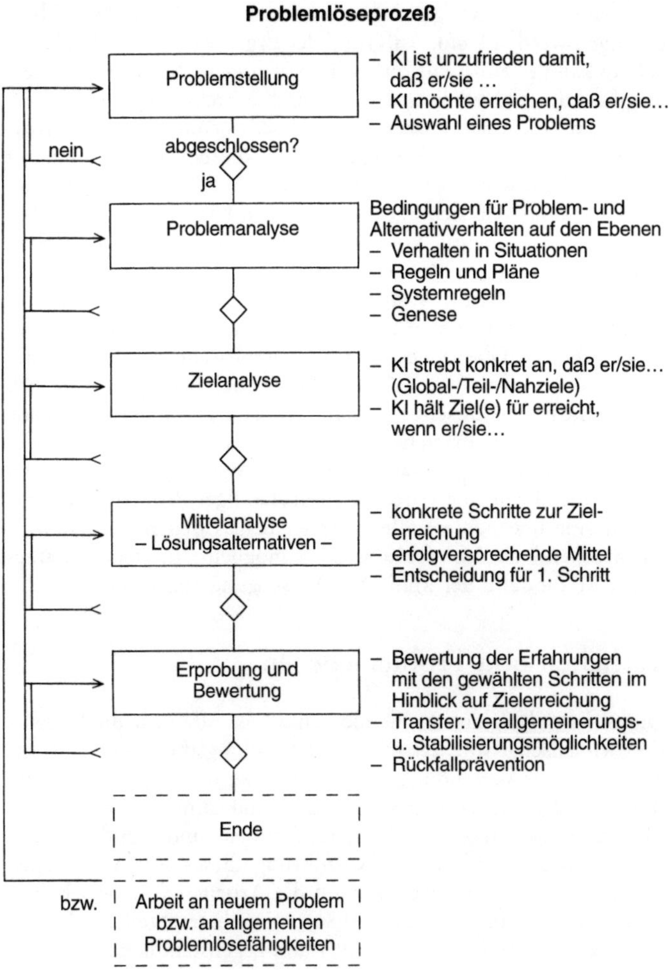

Abb. 2: Prozeßmodell des Problemlösens

Bei der Arbeit innerhalb der einzelnen Prozeßphasen handelt es sich häufig nicht um einen einmaligen und in sich abgeschlossenen Vorgang. Es bedarf jeweils der *Rückmeldung über Effizienz bzw.*

Ineffizienz der bisherigen Schritte, bevor zur nächsten Phase übergegangen werden kann. Aufgrund der Ergebnisse dieser *Rückkoppelung* kann es zur Revision vorher vollzogener Schritte kommen. Stagniert der Prozeß einmal völlig, muß gemeinsam überlegt werden, zu welcher evtl. auch weiter zurückliegenden Phase sinnvollerweise zurückgegangen werden soll; an dieser Stelle ist dann mit dem Problemlöseprozeß erneut einzusetzen. Hierbei sollte man im Blick behalten, daß sich in der praktischen Umsetzung die Phasen nicht immer eindeutig voneinander trennen lassen und Effekte bzw. Veränderungen oft mehreren Phasen zuzuordnen sind.
Therapien, welche die Systematik des Problemlösevorgehens auf psychische Probleme von Patienten anwenden, bekommen in der umfangreichen Übersichtsarbeit über empirische Psychotherapiestudien von Grawe et al. (1994, S. 447 ff.) bescheinigt, daß sie sich durch eine hohe klinische Relevanz sowie durch »außerordentliche Wirksamkeit« im Erreichen positiver Veränderungen »bei einer Vielfalt von Störungen« auszeichnen. In diesem Zusammenhang scheint die allgemeine Förderung selbständiger Problemlösefähigkeiten eine besondere Rolle zu spielen. Aus den Befunden wird entsprechend die Empfehlung eines möglichst breiten Einsatzes dieser Methode in der klinischen Versorgung abgeleitet.

Verhalten und Problemebenen

Die Orientierung am Problemlöseansatz ist offen für die Integration wissenschaftstheoretischer und handlungstheoretischer Konzeptionen zur Verbindung hermeneutischer und empirischer Methodik (»Verstehen« *und* »Erklären«) und zum Verständnis des Menschen als reflexions-, kommunikations- und handlungsfähigem Subjekt. Zur näheren Ausführung dieses psychologischen Menschenbildes verweisen wir auf die Arbeiten von Groeben u. Scheele (1977) und Groeben (1986). Diese betrachten das Individuum als aktiv mit seiner sozialen und gegenständlichen Umwelt interagierendes Subjekt, das fähig ist, Informationen zu verarbeiten, seine Handlungen rational zu reflektieren, zu erklären und entsprechend zu steuern. Demgemäß verwenden wir einen erweiterten Verhaltens- bzw. Handlungsbegriff, der sich auf Einheiten unterschiedlichen Umfangs, unterschiedlichen Bewußtheits- bzw. Automatisiertheitsgrades und unterschiedlichen Steuerungsniveaus bezieht (vgl. Echelmeyer u. Engberding, 1984). Unser Verständnis von »Verhalten« schließt verschiedene Modalitäten ein

wie offen beobachtbare Verhaltensäußerungen und physiologische Reaktionen, Affekte und Empfindungen, Kognitionen und bildhafte Vorstellungen (vgl. Lazarus, 1978).
Auf dem Hintergrund dieses Verhaltensbegriffs erfolgt die Problemanalyse auf *drei in hierarchischem Verhältnis zueinander stehenden Problemebenen:* auf der Ebene des konkreten »Verhaltens-in-Situationen«, auf der Ebene von Regeln und Plänen und auf der Ebene von Systemregeln.

- Auf der Ebene des *»Verhaltens-in-Situationen«* wird eine Beschreibung und Erklärung konkreten Verhaltens in konkreten Situationen vorgenommen. Diese Herangehensweise war als Erweiterung der klassischen funktionalen Verhaltensanalyse intendiert, wie sie ursprünglich von Kanfer u. Saslow (1976) und Schulte (1976b) vorgeschlagen wurde. Sie umfaßte vor allem vermittelnde innere Prozeßkomponenten (vgl. auch Bartling et al., 1987; Caspar, 1996b).
- Auf der zweiten Ebene sollen dann übergeordnete habitualisierte verhaltenssteuernde *Regeln und Pläne* des Individuums identifiziert und in ihrer Bedeutung für die Problematik beurteilt werden.
- Bei der Analyse des Problems auf der Ebene von *Systemregeln* sollten diejenigen Problembedingungen herausgearbeitet werden, die aus den sozialen Systemen, in denen der Klient lebt, und den dort vorherrschenden Regeln resultieren. Hier ist auch die Funktion, die die Symptomatik für den Bestand des Systems hat, von Interesse.

Konsequenterweise wird im Verlauf des Prozesses immer wieder in Frage zu stellen sein, ob der *»identifizierte« Klient* – der sich selbst definierende oder von seiner Bezugsgruppe definierte Symptomträger – tatsächlich der eigentliche Problemträger ist. Dieser Aspekt wurde wiederholt besonders von systemischen Ansätzen der Familien- und Kommunikationstherapie (wie z. B. Minuchin, 1977; Selvini-Palazzoli et al., 1977; v. Schlippe, 1984) hervorgehoben. Der Begriff »identifizierter« Klient soll die Vorläufigkeit dieser Zuschreibung verdeutlichen.
Die handlungsorientierte Analyse der Problematik auf den genannten drei Ebenen impliziert ein *umfassendes Verständnis der Problemgenese:*

- Es wird von einer Verschränkung aktueller situationsspezifischer mit habitualisierten übergreifenden Bedingungen in der konkreten Handlungsregulation ausgegangen. So stellt sich folgerichtig die Frage nach der früheren (und zukünftigen) *Lerngeschichte als Prozeß der Ausdifferenzierung überdauernder Schemata.* Hier geht es um den Erwerb von Motivationsstrukturen, von physiologischen und emotionalen Antwortbereitschaften, von kognitiven Einstellungs- und Bewertungsmustern sowie von komplexen Aktionsprogrammen. Diese Sichtweise erlaubt interessante Verbindungen und Integrationen verschiedener entwicklungstheoretischer Ergebnisse und therapeutischer Ansätze.

- Besondere Aufmerksamkeit verdienen an dieser Stelle handlungstheoretische Konzepte der hierarchisch-sequentiellen Handlungsorganisation (vgl. Hacker, 1973; Volpert, 1974; Echelmeyer u. Engberding, 1984). Die Unterscheidung etwa zwischen sensumotorischem, perzeptiv-begrifflichem und intellektuellem Regulationsniveau kann die Beurteilung des Allgemeinheitsgrades sowie des Bewußtheits- und Automatisiertheitsgrades von Verhalten anleiten. Wenn *Lernen* so *im Sinne einer zunehmenden Automatisierung und Verallgemeinerung* verstanden wird, dann folgt daraus für den therapeutischen Prozeß des Umlernens oder Neulernens die Frage nach der Ansatzebene, beispielsweise Entautomatisierung eingefahrener Gewohnheiten durch bewußte Wahrnehmung.
- Eine spezifisch problemorientierte Ausrichtung erfährt die Analyse der Genese weiter durch das *Verständnis von Problemen als mögliche Folgen fehlgeschlagener früherer Problemlöseversuche* in der persönlichen Lebensgeschichte. Auf diese Weise eröffnet sich ein Verständnis auch für die aktiven und kreativen Seiten psychischer Probleme. Eine solche Sichtweise erleichtert eine neue Gewichtung der Belastungen, die Integration negativer Erfahrungen in das Selbstkonzept des Klienten und regt zur Suche nach wirklich neuen, zufriedenstellenden Lösungen an.

Individualisierung versus Standardisierung im diagnostisch-therapeutischen Prozeß: »Maßgeschneidert oder von der Stange?«

Die Frage, ob therapievorbereitende und -begleitende Diagnostik sinnvollerweise eher auf konkrete Analysen individueller Verhaltensweisen und ihrer jeweiligen Bedingungen abheben sollte oder eher auf klinische Störungsdiagnosen in Form standardisierter Zuordnungen zu operational umschriebenen Störungsbildern, wird seit längerer Zeit in der Klinischen Psychologie mit Spannung und Interesse diskutiert (siehe Schulte, 1996b; Caspar u. Grawe, 1996; Engberding, 1996; Fiedler, 1997).

Diese Debatte über den Nutzen individueller Problemanalysen als Basis für die Ableitung von Therapieplänen reagiert auf die Fortschritte, die in den letzten Jahren in bezug auf ätiologisches und therapeutisches Wissen zu verschiedenen Störungsbildern gemacht worden sind. Diese Fortschritte ermöglichen Standardlösungen in Diagnostik und Therapie, die - bei klarer Indikation - eine ausgiebige individuelle Problemanalyse überflüssig erscheinen lassen; in diesen Fällen genügen Anpassungen an individuelle Besonderheiten und spezifische Kontexte. Das Problemlösemodell an sich impliziert, daß eine gesonderte Problemlöseprozedur überhaupt erst nötig wird, wenn eine Standardlösung nicht zur Verfügung steht oder nicht ausreichend erscheint. Auch in diesem Fall muß unbedingt störungsspezifisches Wissen eingebracht werden, um die Informationsgewinnung gezielt und fundiert lege artis zu gestalten. In allen Fällen gilt es, das allgemeine therapeutische Vorgehen zumindest in der Grobstruktur nach den Problemlöseschritten zu organisieren, da auf diese Weise sowohl für Klienten wie für Therapeuten eine angemessene mentale Repräsentation des diagnostisch-therapeutischen Prozesses gewährleistet wird.

Auch der lösungsorientierte Ansatz (de Shazer, 1993) stellt die Notwendigkeit intensiver Problemanalyse in Frage: Diese sei für die Konstruktion von Lösungen sogar eher hinderlich. Der lösungsorientierte Ansatz beansprucht, die angeblich einseitige Ausrichtung an negativen und belastenden Momenten im Problemlöseansatz abzulösen durch einen Wechsel der Blickrichtung auf Ziele und Ressourcen. Dieser pragmatische und im Kern konstruktive Ansatz erscheint uns für die Praxis sehr anregend und konzeptuell mit dem Problemlöseansatz durchaus kompatibel, bedarf jedoch noch der theoretischen Grundlegung und empirischen Absicherung (vgl. auch Michalak u. Vielhaber, 1996).

Funktion und Handhabung des Leitfadens

Der Leitfaden zur Problemanalyse und Planung des therapeutischen Veränderungsprozesses ist in seiner Hauptfunktion als eine *Anleitung zur Informationsgewinnung und -verarbeitung* zu verstehen.
Die hier auszuwertenden Informationen sind dabei nicht nur den verbalen Berichten des Klienten zu entnehmen, sondern je nach individueller Problematik müssen andere Quellen herangezogen werden (siehe Kap. 1.1).
Die problemrelevanten Informationen können mit Hilfe des Leitfadens strukturiert, analysiert und die gefundenen Erkenntnisse für den gemeinsamen Problemlöseprozeß verwertet werden. Hierbei sind *verschiedene Vorgehensweisen* vorstellbar: Es werden entweder Informationen über längere Prozeßphasen hinweg gesammelt und in einer umfassenden Problemanalyse ausgewertet, oder es findet nach jeder Sitzung eine Betrachtung des soeben gelaufenen Therapieabschnittes mit Hilfe des Leitfadens bzw. der Kurzfassung (siehe Kap. III) statt, etwa in Form eines entsprechend erweiterten strukturierten Protokolls oder einer sich an einen Verlaufsbericht anschließenden Reflexion. (Die beiden Falldarstellungen in Kap. IV verdeutlichen solch unterschiedliche Verwendungsarten.)
Der Leitfaden kann zum anderen benutzt werden als *Orientierungshilfe* für das Vorgehen in den Therapiesitzungen. Sein Aufbau folgt den Phasen, die für den Prozeß des Problemlösens immer wieder herausgestellt wurden. Die einzelnen Stichworte sind dabei als durchaus ergänzungsbedürftige Anregungen zu verstehen, das Problem in einem möglichst umfassenden Rahmen zu betrachten. Sie müssen keineswegs starr und in der im Leitfaden aufgeführten Reihenfolge behandelt werden. Es ist auch nicht sinnvoll, in jedem konkreten Einzelfall alle aufgeführten Aspekte zu erfassen und in gleicher Gewichtung zu behandeln. Zur Unterstützung der inhaltlichen Arbeit haben wir abschließend zu jeder Problemlösephase »Aufgaben für den Therapeuten« und »Mögliche Fragen an den Klienten« zusammenfassend angefügt.
Die Ausführung der einzelnen Stufen im Leitfaden kann des weiteren als Anregung dienen, den Prozeß des Problemlösens beim Klienten zu untersuchen und durch gezieltes Training zu verbessern. Ein ausführliches Beispiel, das die Teilschritte des Problemlöseprozesses in ihrem Gesamtzusammenhang an einem konkreten Fall demonstriert, findet sich bei Bartling u. Echelmeyer (1996).

Es kann hilfreich sein – vor allem für Leser, die noch nicht mit dem ›Prozeßmodell des Problemlösens‹ vertraut sind – diese Falldarstellung vor der hier folgenden differenzierten Abhandlung der Einzelschritte des Prozesses zu lesen.
Zur *Handhabung des Leitfadens* ist anzumerken, daß dieser in zwei verschiedenen Fassungen vorliegt. Zum besseren Verständnis der vorgeschlagenen Art der Therapiestrukturierung und ihres theoretischen Hintergrundes mußte der Leitfaden notwendigerweise relativ breit und inhaltlich detailliert angelegt werden (Kap. II). Um andererseits die angestrebte Ökonomie in der praktischen Anwendung zu erreichen, wurde eine *Kurzfassung* (Kap. III) erstellt (vgl. auch Engberding, 1996). Je nach Bedarf und nach Vertrautheit mit dem Konzept kann die längere oder die kürzere Version herangezogen werden.

II. Ein Leitfaden zur Problemanalyse und Planung des therapeutischen Veränderungsprozesses

Wir setzen mit den Ausführungen zu unserem Prozeßmodell bei der Situation ein, die im allgemeinen Verständnis immer noch als üblicher Ausgangspunkt klinisch-psychologischer Tätigkeit gilt: Eine Person, die sich in psychischer, gesundheitlicher oder sozialer Hinsicht beeinträchtigt sieht bzw. von anderen so wahrgenommen wird, sucht einen professionellen Therapeuten oder eine Institution der psychosozialen oder psychiatrischen Versorgung auf oder wird dorthin geschickt, um Unterstützung und Beratung für ihre Probleme zu erhalten. Von den Betroffenen werden diese Probleme in der Regel zunächst als rein individuelle angesehen; nur selten kommen gleich von vornherein mehrere Personen zusammen zur Beratung, etwa Partner oder Familien, die ein Problem als gemeinsames erkannt haben.

Die folgenden Darstellungen beziehen sich aus Gründen der Übersichtlichkeit und Klarheit der Strukturierung weitgehend auf die o. g. Variante klinisch-psychologischer Praxis. Dabei soll allerdings die Anwendbarkeit unseres Konzeptes auch im Zusammenhang mit grundsätzlich alternativen Praxisformen offengehalten werden.

Um zu erläutern, in welcher Weise die einzelnen Prozeßschritte im Rahmen einer Psychotherapie inhaltlich gestaltet und wie sie in ihrer zeitlichen Abfolge aufeinander bezogen werden können, gehen wir von einer Standardsituation in einer psychotherapeutischen Praxis aus.

Wir legen zunächst 25 Sitzungen als Rahmen für die therapeutische Arbeit zugrunde. In dieser Zeit können nach unserer Erfahrung ein bis drei Probleme ausgewählt, eingegrenzt und therapeutisch bearbeitet werden. Dies setzt allerdings ein stringentes, systematisches und zielorientiertes Planen und Handeln voraus, einschließlich der Bereitschaft, sich gemeinsam auf das Wesentliche und das Machbare zu konzentrieren. Dies mag bei Störungen von größerem Komplexitäts- und Schweregrad zunächst unrealistisch erscheinen; unsere Vorgabe impliziert auch nicht den Anspruch, solche Störungen in 25 Sitzungen komplett behoben zu haben. Indizierte

Therapieverlaufsplan

Sitzung	Sitzungsinhalte	Prozeßphase I	II	III	IV	V
01. Kontakt	**PROBLEMSTELLUNG** explorieren: erste Orientierung, Überblick, Gewichtung; weitere Diagnoseverfahren und Basisdokumentation	■				
02. Kontakt	**PROBLEMAUSWAHL:** Problem 1 (P1) herausgreifen und umfassend definieren; ggf. Einführung in Problemlösekonzept	■				
03. Kontakt 04. Kontakt	**PROBLEMANALYSE** von P1 auf den Ebenen: - konkrete Verhaltensbeispiele - Regeln und Pläne, Systemregeln - Genese **BEDINGUNGSMODELL** und **DIAGNOSE** erstellen		■			
05. Kontakt	**MOTIVATION** und **VERÄNDERUNGSVORAUSSETZUNGEN** klären **ZIEL**vorstellungen erörtern			■		
06. Kontakt	**ZIELE** festlegen **LÖSUNGSPRINZIPIEN** auswählen **BEHANDLUNGSPLAN** besprechen			■	■	
07. Kontakt	**LÖSUNGSSCHRITTE** konkret ableiten **SCHRITTFOLGE** beschließen **KONTROLLMESSUNG** überlegen				■	■
08. Kontakt	**VERÄNDERUNGSSCHRITTE** erproben					■
09. Kontakt	**ERFAHRUNGEN** auswerten					■
10. Kontakt	**KORREKTUREN** ggf. vornehmen	■	■	■	■	■
11. Kontakt	**ZWISCHENBILANZ:** derzeitiger Stand der Problembearbeitung? Weitere Ziele und Maßnahmen?	■	■	■	■	■
12. Kontakt	**FESTIGUNG u. VERTIEFUNG** erreichter Veränderungen				■	■
13. Kontakt	**TRANSFER** auf andere Alltagsbereiche sichern				■	■
14. Kontakt	**EIGENSTÄNDIGE WEITERFÜHRUNG** planen				■	■
15. Kontakt	**BILANZ** der gemeinsamen Arbeit **AUSWIRKUNG** auf die übrigen Probleme klären **WEITERE ARBEIT** an P1? bzw. **ÜBERGANG** zu P2, P3 ...?	■	■			■
16. Kontakt	**BEHANDLUNGSPLAN** ergänzen für P1 bzw.		■	■	■	■
↓ und folgende ↓ Kontakte	**PROBLEMLÖSEPROZESS** erneut durchlaufen für P2, P3 ... (s. 2. Kontakt ff.)	■	■	■	■	■
↓ ↓ Letzte Kontakte ↓	**ABSCHLUSS** der Therapie vorbereiten: Weiterführende Möglichkeiten? Diagnostische Abschlußkontrolle und Basisdokumentation Selbständige Erprobungsphase					■
↓						
etwa 6 Monate nach Abschluß	**KATAMNESE**					■

Abb. 3: Modellhafter Therapieverlaufsplan

Verlängerungen sollten jedoch nicht zu der Schlußfolgerung verleiten, den Prozeß innerhalb der einzelnen Phasen – vor allem zu Beginn – über Gebühr aufzublähen. Auch und gerade bei solchen schwierigen und häufig diffusen Problemen gilt es, sich zu bescheiden, Teilprobleme einzugrenzen und diese voranzubringen, um durch zeitige Erfolge die Veränderungsmotivation zu stärken.
Der modellhafte *Therapieverlaufsplan* (s. *Abb. 3)* wird einer ausführlichen inhaltlichen Darstellung der einzelnen Schritte im Problemlöseprozeß vorangestellt, um deutlich zu machen, wie diese in einen praktischen zeitlichen Rahmen gebracht werden können.

1. Problemstellung – *»Worum geht es überhaupt?«*

1.1 Erste Orientierung über die Problematik

Zu Beginn des diagnostisch-therapeutischen Prozesses steht der Therapeut vor der Aufgabe, einen ersten Überblick über die aktuellen Probleme zu gewinnen, wegen derer der Klient ihn oder die betreffende Institution aufgesucht hat. Wichtig ist in diesem Zusammenhang auch die Frage, was der aktuelle Anlaß für die Anmeldung ist und ob sie aufgrund von Eigen- oder Fremdinitiative erfolgt.

In der Regel findet schon im Anmeldegespräch eine kurze *Bestandsaufnahme* statt, die dann im ersten längeren Kontakt erweitert und vertieft werden kann. Das Vorgehen wird sich dabei in den meisten Fällen zunächst an Schilderung und Sichtweise des Klienten orientieren.
In dieser Anfangsphase geht es für Therapeut und Klient um eine zumindest vorläufige Verständigung darüber, ob eine Zusammenarbeit stattfinden soll und, wenn ja, mit welchen Inhalten und innerhalb welcher Rahmenbedingungen. Bereits in diesem Zeitabschnitt werden - oft unbemerkt - grundlegende Voraussetzungen für die weitere Interaktion zwischen den Beteiligten geschaffen (Haley, 1978; Zimmer, 1983; Thomann u. Schulz von Thun, 1988).
Bevor Therapeut und Klient sich detaillierter mit einem ausgewählten Problem oder Problemaspekt befassen, sollte gewissermaßen als Ausgangsbasis der bisherige Informationsstand in alltagssprachlicher Formulierung kurz skizziert werden. Ein Beispiel mit Angaben aus einem Anmeldegespräch soll verdeutlichen, daß eine solche relativ frühe Zusammenfassung, auch wenn sie noch sehr allgemein und lückenhaft erscheint, schon einen ersten Eindruck von der Problematik und ihrer Bedeutung für den oder die Betroffenen vermitteln kann:

Frau F., 22 J., Erzieherin im Kindergarten in R., kommt wegen Kontaktschwierigkeiten, Minderwertigkeitsgefühlen und Gewichtsproblemen (1,60 m; 75 kg). Die Klientin leidet in verschiedenen sozialen Situationen unter starker Angst, wegen ihrer Figur aufzufallen oder abgelehnt zu werden: Zusammensein mit Kolleginnen, Kontakte mit »Kindergarteneltern«, Wege und Erledigungen in der Stadt und in Geschäften, Kirchenbesuch, Theater. Sie geht selten aus, beteiligt sich kaum an Gesprächen, nimmt an, daß andere ihr Äußeres abstoßend finden und sie nicht akzeptieren. An ihrer Arbeitsstelle kapselt sie sich von Kolleginnen ab; die Arbeit in der Kindergruppe macht ihr allerdings Freude. In der Freizeit bleibt sie meist allein zu Hause, fühlt sich dort einsam, grübelt viel, leidet unter depressiven Stimmungen und ißt dann auch besonders viel und unkontrolliert. Die Probleme begannen in der Pubertät, wurden ihr verstärkt bewußt mit Berufsbeginn und Umzug nach R. vor vier Jahren. Sie hat seit zwei Jahren einen Freund in K., den sie als ebenfalls kontaktarm und schüchtern beschreibt. Beide sehen sich nur am Wochenende. Anlaß für die Anmeldung: Sie las gestern einen Zeitungsartikel über die Arbeit der Psychologischen Beratungsstelle.

In vielen Fällen, vor allem, wenn es sich um eine umfassende oder schon recht lange bestehende Problematik handelt, ist es ange-

bracht, sich vor dem Einstieg in die systematische Problemanalyse einen *allgemeinen Überblick über die Lebenssituation und die persönliche Entwicklung* des identifizierten Klienten zu verschaffen. Dies geschieht häufig durch *Fragebögen* oder mit Hilfe von Interviewleitfäden wie z. B.: Fragebogen zur Lebensgeschichte (Lazarus 1973, 1986); das Strukturierte Klinische Interview für DSM-IV (SKID; Wittchen et al. 1997, Wittchen et al. in Vorbereitung, Fydrich et al. 1997); DIPS – Diagnostisches Interview für psychische Störungen (Margraf et al., 1994); DIPS-K – Diagnostisches Interview für psychische Störungen im Kindesalter (Unnewehr et al., 1995). Des weiteren gibt es Fragebögen unterschiedlicher Ausführlichkeit für verschiedene Klientengruppen bzw. Störungsbilder, beispielsweise für Eltern mit Erziehungsproblemen, für jugendliche und erwachsene Einzelklienten oder für Partner mit Konflikten im Zusammenleben. Zusammenstellungen finden sich u. a. bei Schmidt u. Keßler (1976), Kemmler u. Echelmeyer (1978), Sachse (1979), CIPS (1986), Scholz (1987), Röhrle (1988), Fydrich et al. (1996). Diese Instrumente können Aufschluß geben über biographische Besonderheiten, über die allgemeine familiäre, soziale und materielle Situation, Ausbildungs- und Berufsentwicklung, über Interessen, Konflikte, Krankheiten und Veränderungswünsche. Das Gespräch mit dem Klienten sollte sich auf die wesentlichen Aspekte der *aktuellen* Problematik konzentrieren und dabei den sozialen Entstehungszusammenhang miteinbeziehen.
Die Frage, ob und, wenn ja, an welcher Stelle solche Fragebögen und andere psychodiagnostische Verfahren sinnvoll eingesetzt werden können, muß unter Berücksichtigung der jeweiligen Problemstellung und nicht zuletzt auch der Vertrautheit des Klienten im Umgang mit schriftlichem Material immer wieder neu überlegt werden.
Häufig hat der Therapeut auch schon Vorinformationen von Bezugspersonen oder überweisenden Institutionen, oder er hat die Erlaubnis des Klienten, Material aus einer früheren Therapie einzusehen. Gegebenenfalls müssen auch medizinische Faktoren und/oder psychophysiologische Befunde berücksichtigt werden. Über die individuelle, problembezogene Diagnoseerhebung hinaus müssen im Hinblick auf die Qualitätssicherung (siehe Kap. 6) allgemeine Status- und Strukturdaten erhoben werden. Für eine solche *Basisdokumentation* gibt es noch kein allgemein anerkanntes System, es besteht jedoch Konsens darüber, daß sie folgende Datenbereiche umfassen sollte (vgl. Laireiter u. Baumann, 1996):

- Personendaten (Name, Adresse, Geburtsdatum, Geschlecht)
- Aufnahme- oder Anmeldedaten (Erst-/Folgeanmeldung, Kostenträger, Überweisungsgrund)
- sozial-anamnestische Daten (Familienstand, Konfession, Einkommen, Nationalität)
- berufs-anamnestische Daten (höchster Schul- bzw. Berufsabschluß, aktuelle Berufstätigkeit)
- Krankheitsanamnese (1. Auftreten, bisherige Behandlungen, medizinische Befunde und Medikation).

Im weiteren umfaßt die Basisdokumentation die Daten der individuellen Diagnostik und Problemanalyse, für die das Vorgehen im folgenden ausgeführt wird.
Für die anstehende Konzeptualisierung und Reflexion der individuellen Problemstellung und auch für den weiteren Verlauf sollen alle relevanten Vorinformationen, über die der Therapeut zu diesem Zeitpunkt verfügt, zusammenfassend festgehalten werden, so daß er jederzeit wieder darauf zurückgreifen kann.
Als besonders hilfreich hat sich darüber hinaus eine verhaltensbezogene Auflistung der persönlichen »Ist-Soll-Diskrepanzen« in Form folgender Satzergänzungen erwiesen:

- »Der Klient ist unzufrieden damit, daß er/sie ... «
- »Der Klient möchte erreichen, daß er/sie ... «

Eine Klärung der Problemstellung in der Art solcher jeweils korrespondierender Aussagenpaare, die übrigens in der Ich-Form auch als Hausaufgabe empfehlenswert sind, dient als Grundlage für die weitere Arbeit und kann jederzeit weiter ausdifferenziert oder korrigiert werden.

1.2 Konzeptualisierung und Reflexion der Problemstellung – *»Nicht gleich auf dem ersten Gleis abfahren«*

Wir schlagen vor, die bisherigen Informationen möglichst bald zu strukturieren und in eine vorläufige Ordnung zu bringen. Gegebenenfalls müssen Problembereiche erst einmal voneinander abgegrenzt und ihr Verhältnis zueinander geklärt werden, damit die Auswahl eines ersten Arbeitsschwerpunktes fur die nächste Zeit in sinnvoller Weise getroffen wird.

1.2.1 Erste Strukturierung und Abgrenzung der Problembereiche

Verständnis und erste Ordnung der genannten Probleme sind abhängig von der Qualität der Problembeschreibung, z. B.: diffuse vs. präzise oder abstrakte vs. konkrete Problembeschreibung. Weiter ist von Interesse, ob die Problematik bereits chronisch existiert oder erst in jüngster Zeit aufgetreten ist. Einige Beispiele sollen die Schwierigkeiten illustrieren, die sich für die Strukturierung bei verschiedenen »Problemkonstellationen« ergeben können:

- Am einfachsten erscheint das weitere Vorgehen, wenn der Klient ein *einziges, engumschriebenes Problem* lösen will und in allen anderen Lebensbereichen allein zurechtkommt. Dieser Fall ist allerdings recht selten.

  Eine Klientin hat eine klar umgrenzbare Angst vor Fröschen und Ungeziefer. Sonst ist sie nicht besonders ängstlich; andere Probleme, die damit im Zusammenhang stehen könnten, haben sich aus den bisherigen Informationen nicht ergeben.

- Häufig werden schon im ersten Gespräch *mehrere Probleme nebeneinander* als behandlungsbedürftig genannt:

  Ein Klient meldet sich zur Therapie an, weil er große Arbeitsschwierigkeiten hat. Dies ist sein akutes Anliegen, aber er läßt bei dieser Gelegenheit anklingen, daß er auch Probleme im sexuellen Bereich hat.

- Schon nach kurzer Zeit kann sich herausstellen, daß das zuerst angesprochene Problem zu vage und zu allgemein beschrieben war und daß es sich eigentlich um das *Resultat* eines oder mehrerer vorgeordneter Probleme handelt:

  Eine Klientin kommt wegen »Depressionen« zur Therapie. Aus den Angaben zum Auftreten und zum Inhalt der depressiven Verstimmungen wird deutlich, daß sie in ihrem Kontaktverhalten und in ihrem Leistungsverhalten stark beeinträchtigt ist und daß außerdem enorme Konflikte mit dem Partner und den Eltern bestehen.

- Im Verlauf der ersten Gespräche wird manchmal schon deutlich, daß die *Beeinträchtigung* des identifizierten Klienten *viel weitreichender* ist als zu Beginn angenommen:

  Ein Klient meldet sich wegen Schlafstörungen beim Therapeuten an; er ist der Meinung, daß er nur den »richtigen Dreh« zum Einschlafen finden müsse. Erst später wird klar, daß er beruflich unter starkem Streß steht und inzwischen eine ernstzunehmende Alkohol- und Tablettensucht entwickelt hat.

- Schließlich besteht die Möglichkeit, daß sich die *ursprüngliche Definition* des Problems sehr bald *verschiebt* und damit evtl. auch die Forderung nach einer Veränderung nicht mehr an den identifizierten Klienten, sondern an andere Beteiligte gerichtet werden muß:

  Ein Kind wird in der Beratungsstelle vorgestellt, weil es in letzter Zeit in der Schule sehr unregelmäßige Leistungen erbringt. Nachts hat es oft Angstträume und schreckt auf. Die Mutter vermutet selbst einen Zusammenhang damit, daß der Vater immer häufiger nachts betrunken nach Hause kommt und dann laute, aggressive Auseinandersetzungen mit seiner Frau beginnt.

Die Einschätzung des *Verhältnisses der Probleme zueinander* kann an dieser Stelle nur eine vorläufige sein (siehe dazu auch Kap. 2.6.1). Die genannten Beispiele, vor allem das letzte, zeigen, daß Klient und Therapeut zunächst ein gemeinsames Problemkonzept entwickeln müssen, um dann eine Entscheidung darüber zu treffen, welches Einzelproblem oder welcher Problemaspekt an erster Stelle zur weiteren Bearbeitung ausgewählt werden soll.
Als anschauliches Hilfsmittel empfehlen wir in Anlehnung an Schwäbisch u. Siems (1974, S. 247) den sogenannten Problemverteilungskuchen: Hier zeichnet der Klient in einen Kreis, der die Gesamtheit seiner Probleme symbolisiert, verschiedene Segmente (»Tortenstücke«) ein. Jedes Segment stellt eines seiner Probleme

dar; die Größe jedes einzelnen Segments zeigt das Ausmaß seiner Belastung durch das jeweilige (Teil-) Problem an.

1.2.2 Diagnose und Indikationsstellung

An dieser Stelle erhebt sich die Frage, in welchem Verhältnis eine individuumzentrierte, bedingungsanalytische Problemdiagnostik zu Kategorisierungen nach psychiatrischen Klassifikationssystemen wie dem ICD-10 (ICD-10, Dilling et al., 1993) oder DSM-IV (DSM-IV, APA, 1996) zu sehen ist. Ausgangspunkt für die therapeutische Arbeit ist für uns in erster Linie die individuelle Problemstellung, wie sie sich im alltäglich-konkreten Verhalten des Klienten zeigt. Klassifikationssysteme dienen demgegenüber dazu, allgemeine Ausprägungsformen psychischer Störungen unterscheiden und benennen zu können und sich in Fachkreisen darüber zu verständigen. Auch sehen wir den Vorteil solcher Systeme darin, daß eine Klassifikation den Therapeuten motiviert, bei der Datenerhebung und Therapieplanung den Suchraum zu präzisieren, indem er sein störungsspezifisches Wissen aktiviert bzw. erweitert (vgl. auch Baumann, 1990; Hand, 1990). Diagnostisches Vorgehen, Indikationsstellung und therapeutisches Handeln werden so einer Überprüfung zugänglich.

1.2.3 Auswahl und Definition eines Problems, Reflexion unterschiedlicher Sichtweisen

Jaeggi (1979) kritisiert in Anlehnung an Seidel (1976), daß bei der Anwendung des Problemlöseansatzes bisher die *Reflexion des Prozesses der Problemstellung* stark vernachlässigt wurde. Sie schlägt vor, die subjektiven und objektiven Bedingungen, die dazu führen, daß sich ein Klient das Problem hier und jetzt in einer ganz persönlichen und spezifischen Art und Weise stellt, mit ihm gemeinsam zu untersuchen; das Problem soll also nicht als »bereits gestelltes« einfach übernommen werden. Eine solche Reflexion könnte schon an dieser Stelle des Prozesses Fragen einbeziehen, die wir im Zusammenhang mit der Analyse von Plänen, Systemregeln und mit der Zielanalyse stellen (vgl. Kap. 2.2, 2.3 und 3.1).
Für die zeitliche Abfolge der in den nachstehenden Abschnitten angesprochenen, sehr eng miteinander zusammenhängenden Überlegungen und Entscheidungen zur *Problemfindung und -auswahl* können folgende *Kriterien zur Orientierung* hilfreich sein:
- Subjektive Beeinträchtigung und Belastung des Klienten

(vgl. auch Kap. 3.1.1). Hier ist eine Erfassung auf folgender Skala möglich: nicht belastend - wenig belastend - belastend - sehr belastend - unerträglich.

- Äußerer Druck und mögliche negative Folgen eines Aufschubs.
- Erfolgsaussichten; evtl. Motivationsförderung durch Anfangserfolge.
- Realisierbarkeit einer Therapie zum jetzigen Zeitpunkt und deren zeitliche Dauer.
- Grad der »Angstbesetztheit«.
- Funktionale Vor- bzw. Übergeordnetheit eines Problems (sogenanntes »Kernproblem«).

Entscheidet man sich an dieser Stelle für die Konzentration auf ein Problem bzw. einen Aspekt der Problematik, dann stellt sich die Frage, wie Klient und Therapeut mit den übrigen, zunächst ausgeblendeten Bereichen im weiteren Verlauf umgehen. Eine vollständige Analyse aller Probleme muß nicht notwendigerweise schon vor der Zielbestimmung und den ersten Veränderungsschritten geleistet werden. Bei vielen Problemkonstellationen kann es durchaus sinnvoll sein, vor Abschluß der vollständigen Analyse mit Veränderungen in einem Problembereich zu beginnen und die Analyse der restlichen Problembereiche zunächst aufzuschieben und gegebenenfalls sukzessive zu vervollständigen (siehe dazu auch Kap. 2.6.1). Unter Umständen kann auch die Behandlung *eines* Bereichs die Bearbeitung der übrigen wenigstens zum Teil überflüssig machen, weil der Klient seine inzwischen entwickelten Problemlösefähigkeiten bereits auf andere Schwierigkeiten überträgt. Ist allerdings ein wechselseitiger funktionaler Zusammenhang der verschiedenen Probleme zu vermuten, empfiehlt sich eine möglichst baldige Analyse des gesamten Problemkomplexes. In jedem Fall sollte vor Einführung einschneidender Veränderungsmaßnahmen zumindest für das betreffende Problem eine gründliche Analyse geleistet sein.

Die *Konzeptualisierung des schließlich ausgewählten Problems* wird davon abhängen, wie komplex und auf welcher Abstraktionsebene die Problematik bisher zur Sprache gekommen ist. Therapeut und Klient sollten unter Berücksichtigung der Meinung aller Beteiligten so früh wie möglich eine Einigung auf eine gemeinsame Problemdefinition suchen. Sie wird sich besonders schwierig gestalten, wenn die Sichtweisen bezüglich der Problemstellung sehr unterschiedlich sind, und dann erst Ergebnis eines länger dauernden Prozesses sein. Dabei kann allerdings schon sehr vieles für die Problemanalyse und die Problemlösung geleistet werden.

So kann sich ein *Jugendlicher* in seiner Familie völlig unverstanden fühlen und darunter sehr leiden. Sein *Vater* empfindet ihn als widerspenstig, verwahrlost und macht seine Freunde für die Ladendiebstähle verantwortlich, während die *Mutter* glaubt, daß ihr Mann den Sohn mit seinem autoritären Verhalten aus dem Haus treibt. Der *Therapeut* vermutet zusätzlich, daß das ungeschriebene Gesetz der Familie, nach außen hin einen wohlgeordneten, harmonischen und geschlossenen Eindruck zu erwecken, entscheidend zur Entwicklung des Problems beigetragen hat.

Es ist also erforderlich, daß *alle Beteiligten*, der identifizierte Klient, die relevanten Bezugspersonen und auch der Therapeut sich über ihre Sichtweise klar werden und diese – möglichst im gemeinsamen Gespräch – offenlegen und gegeneinander abwägen. Es versteht sich von selbst, daß die an dieser Stelle erreichten Konzeptualisierungen in der weiteren Analyse wiederholt überprüft und möglicherweise revidiert werden müssen.

Weiter ist zu überlegen, wie weit die vorgesehene gemeinsame Arbeit die Analyse und *Lösung bestimmter aktueller Probleme* zum Inhalt und Ziel hat und in welchem Verhältnis dazu die *allgemeine Verbesserung der Problemlösefähigkeiten* stehen soll. Beide Aspekte müssen wohl in den meisten Fällen als eng miteinander verbunden gesehen werden, wobei oft erst im Verlauf der Therapie eine zunehmende Beachtung des zweiten, eher übergeordneten Gesichtspunktes möglich ist. Aber auch schon bei der Bearbeitung eines konkreten Problems wird sich zeigen, wo spezifische Defizite des Klienten im Umgang mit seinen Problemen liegen. Diese können dann immer mehr zum eigentlichen Gegenstand der Behandlung werden. In diesem Zusammenhang gilt es, die grundsätzlichen Einstellungen des Klienten zur Existenz psychischer Probleme, seine Annahmen über Entstehung und Veränderbarkeit von Problemen und die Selbsteinschätzung über eigene Handlungsmöglichkeiten im Umgang damit (vgl. Kanfer et al., 1996) zu thematisieren. Dies dient auch dem Ziel, nicht nur Defizite des Klienten wahrzunehmen, sondern auch seine generellen Ressourcen und seine grundsätzlichen Problemlösefähigkeiten ins Blickfeld zu rükken. Fragebögen dazu finden sich u. a. bei Platt et al. (1975; deutsch Kemmler u. Borgart, 1982), Holling et al. (1980) und Dirksmeier (1991).

Eine erste *Einführung des Klienten in das Konzept des problemorientierten Vorgehens* ist an dieser Stelle empfehlenswert. Sie sollte nicht in Form einer Belehrung stattfinden, sondern sie kann – implizit bereits durch die Art der Interaktion vorbereitet – geschehen, indem über Inhalte und allgemeine Ziele der Zusammenarbeit gesprochen wird (vgl. auch Kap. 3.1.2). Als Voraussetzung muß allerdings die Frage nach der *Indikation* schon vorläufig beantwortet sein. Ist die Problemlage hier noch völlig diffus oder besteht das Problem hauptsächlich in der Zielfindung, sollte zur Klärung eine entsprechende therapeutische Methode - etwa der klientenzentrierte Ansatz - gewählt werden. Wir schlagen vor, das intendierte methodische Vorgehen auf jeden Fall - außer bei der therapeutischen Verfolgung paradoxer Strategien - möglichst früh allen Betroffenen transparent zu machen, damit sie aktiv und selbstverantwortlich mitarbeiten können.

Aufgaben für den Therapeuten in Phase 1:

- Identifizieren und benennen Sie die verschiedenen Problembereiche, grenzen Sie diese voneinander ab!
- Welche Zusammenhänge zwischen den verschiedenen Problembereichen sehen Sie?
- Wählen Sie einen Problembereich bzw. Teilbereich als ersten Ansatzpunkt für eine Problembearbeitung aus!
- Welche Ressourcen gibt es auf seiten des Klienten bzw. seiner Umwelt, die Sie für die Therapiearbeit nutzbar machen können?

Mögliche Fragen an den Klienten in Phase 1:

- Welche Probleme belasten Sie? Was möchten Sie verändern, lernen, erreichen?
- Wie hängen Ihre Probleme möglicherweise miteinander zusammen?
- Welches ist das dringendste Problem, mit dem Sie anfangen wollen?
- Welche Hilfen bei der Problemlösung können Sie aus Ihrer Umwelt erwarten, und was trauen Sie sich selbst zu?

2. Analyse der Problemlage – *»Das Knäuel soll entwirrt werden«*

In der Konzeptualisierungsphase haben sich die Beteiligten auf eine gemeinsame Definition der Problemstellung geeinigt. Nun kann eine genauere Analyse des unerwünschten Ausgangszustandes geleistet werden unter Einbeziehung der defizitären Problemlösungsstrategien, die den Klienten an der Erreichung der von ihm angestrebten Ziele hindern. Die Problemanalyse hängt von daher sehr eng mit der Zielanalyse zusammen.
Wir schlagen vor, die Analyse der Probleme auf drei in einem hierarchischen Verhältnis zueinander stehenden Problemebenen vorzunehmen. Auf der Ebene des Verhaltens-in-Situationen und der Ebene der Regeln und Pläne findet die *individuelle Analyse* statt. Die Betrachtung des *sozialen Kontextes* auf der Ebene der System-Regeln ergänzt die Analyse.

2.1 Ebene des Verhaltens-in-Situationen (V-i-S) – *»Wie sieht das ganz konkret aus?«*

Auf dieser Ebene betrachten wir das konkrete Verhalten einer oder mehrerer an den Problemen beteiligter Personen in problemrelevanten Situationen. Ziel der Analyse ist es, ein *funktionales Bedingungsmodell* zu erstellen, also Aussagen über die Art der Verhaltenssteuerung zu machen. Diese Aussagen haben den Charakter von *vorläufigen Hypothesen* (vgl. Schulte, 1976b; Kanfer u. Saslow, 1976; Zaumseil, 1977; Schulte, 1996a; Kanfer et al., 1996).
Die Darstellung erfolgt in zeitlich gegliederten *Verhaltenssequenzen,* die die Modalitäten des Verhaltens, seine vorausgehenden, vermittelnden und nachfolgenden Bedingungen erfassen. Bestehen die vorausgehenden und/oder nachfolgenden Bedingungen aus Verhalten von Interaktionspartnern, so kann es sinnvoll sein, auch für diese Personen Verhaltenssequenzen zu erstellen.
Die Analyse auf der Ebene des V-i-S kann durch das Herausgreifen eines Verhaltensausschnittes aus dem »Verhaltensfluß« u. U. künstlich erscheinen. Sie gibt aber in der Regel wertvolle Hinweise sowohl für die Hypothesenbildung auf höheren Analyse-Ebenen als auch für die Veränderungsplanung.

2.1.1 Auswahl und Charakterisierung des zu analysierenden Verhaltens

a) Auswahl

Anhand der individuellen Problemstellung muß zuerst entschieden werden, welches Verhalten sinnvollerweise für die Analyse ausgewählt wird. Die Bestimmung dessen, was als Verhalten herausgegriffen und damit als *abhängige Variable* definiert wird, ist von der Interpunktion des Betrachters abhängig. Jede Verhaltensweise kann innerhalb eines Verhaltensflusses potentiell die Funktion einer abhängigen (AV) wie auch einer unabhängigen Variablen (UV) einnehmen. Im ersten Fall stellt sie selbst das zu analysierende Verhalten dar. Unter einem anderen Betrachtungswinkel kann sie als vorausgehende, vermittelnde oder nachfolgende Bedingung für ein anderes Verhalten angesehen werden.

Aufgrund von Arbeitsüberlastung (UV) zeigt eine Mutter große Ungeduld (AV) bei der Überwachung der Hausaufgaben ihres Sohnes. Diese Ungeduld erhält als vorausgehende Bedingung für die schlechte Konzentration des Jungen (AV) die Funktion einer unabhängigen Variablen.

Bei einem Klienten kann es sinnvoll sein, das »Erröten« in bestimmten Situationen zu analysieren, in einem anderen Fall dagegen die »Angst vor dem Erröten«.

Besteht das Problem darin, daß ein bestimmtes Verhalten *nicht* gezeigt wird (Verhaltensdefizit), kann das in der Situation stattdessen gezeigte Verhalten betrachtet werden.

Eine depressive Frau beteiligt sich nicht an den Familienaktivitäten. Hier könnte das Verhalten »stumm in einer abgelegenen Ecke sitzen« analysiert werden.

Fast immer ist es nötig, neben dem problematischen Verhalten das erwünschte Alternativverhalten in seinem Bedingungszusammenhang zu betrachten.

Unter welchen Bedingungen kann sich ein im schulischen Bereich konzentrationsschwaches Kind längerfristig mit einer Sache befassen?

Das jeweils ausgewählte Verhalten wird anhand mehrerer typischer Einzelbeispiele – möglichst aus der letzten Zeit – mit all seinen wichtigen situativen Bestimmungsstücken betrachtet (s. Erläuterung in Kap. 2.1.2). Bei der weiteren Analyse oder während des Veränderungsprozesses kann sich die anfängliche Auswahl des Verhaltens allerdings als ungünstig erweisen und muß dann *revidiert* werden.

b) Charakteristika

Hier soll eine Analyse der Intensität, der Frequenz und der Verlaufscharakteristika vorgenommen werden:

- *Intensität:* Auf einer Skala des »subjektiven Unbehagens« kann das Verhalten, z. B. die Angst des Klienten oder die Belastung, die ein Problem für einen oder mehrere der Beteiligten darstellt, eingeschätzt werden. Die Skala kann beispielsweise von 0 (absolutes Wohlbefinden) bis 100 (absolutes Unbehagen) reichen.
- *Frequenz:* Die Häufigkeit des Verhaltens kann für eine frei zu wählende Zeiteinheit (Woche, Tag usw.) erfaßt werden. Hierzu sollte eine Grundlinienerhebung erfolgen (baseline). Tritt das Verhalten nicht regelmäßig auf, wird die Frequenz für jede Bedingungskonstellation erfaßt.
- *Verlaufscharakteristika:* Nicht alle Komponenten des Verhaltens treten gleichzeitig und nach dem »Alles-oder-Nichts-Prinzip« auf. Solche Charakteristika können Hinweise für die Veränderungsplanung geben.

Besonders wichtig ist ihre Analyse bei Verhalten mit starken physiologischen Komponenten.

Ein »herzneurotischer« Angstanfall beginnt mit Hitzewallungen, Handschweiß und rasendem Herzklopfen, danach setzt ein Ringgefühl in der Brust mit Atemnot und Angstgefühlen ein. Es folgt kurze Zeit später ein anhaltendes Übelkeitsgefühl, das auch noch etwa eine Stunde nach Abklingen der anderen Symptome bestehen bleibt.

2.1.2 Funktionales Bedingungsmodell

Im funktionalen Bedingungsmodell werden auf der Grundlage der Analyse von Einzelbeispielen Hypothesen darüber erstellt, welche vorausgehenden, vermittelnden und nachfolgenden Bedingungen das problematische Verhalten bzw. das Alternativverhalten beeinflussen.

2.1.2.1 *Darstellung des Modells*

Wir schlagen ein Modell (s. *Abb. 4*) zur Bedingungsanalyse konkreten Verhaltens-in-Situationen (V-i-S) vor, in dem folgende Komponenten unterschieden werden:

- externe Situation (Se) und interne Situation (Si) als zeitlich vorausgehende Bedingungen
- Wahrnehmungsprozeß (WP) und innere Verarbeitung (IV) als vermittelnde Bedingungen
- Verhalten (V) in seinen verschiedenen Modalitäten als abhängige Variable

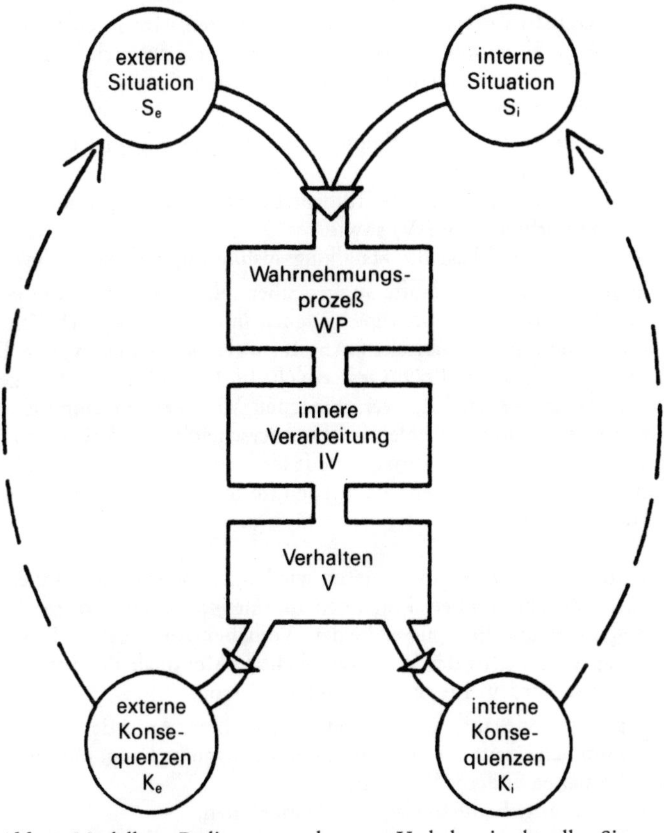

Abb. 4: Modell zur Bedingungsanalyse von Verhalten in aktuellen Situationen – Überblick

- externe Konsequenzen (Ke) und interne Konsequenzen (Ki) als nachfolgende Bedingungen.

Das Modell impliziert, daß über Rückkoppelungsschleifen sowohl internal wie external ein Feedback stattfindet. Durch die Einbeziehung von Prüfprozessen im Sinne der TOTE-Einheit kann so die Eigendynamik von Handlungsabläufen sequentiell dargestellt werden (vgl. Miller et al., 1973). Auch längerfristige Lernprozesse im Sinne der Ausbildung habitualisierter, übergeordneter Verarbeitungs- und Steuerungsmechanismen werden auf diese Weise beschreibbar.
Im Modell werden Wahrnehmungsprozeß, innere Verarbeitung und Verhalten gesondert analysiert. Verhalten wird in einem umfassenden Sinne sowohl als planvolles Handeln als auch als Erlebnisreaktion verstanden. Eine solche Strukturierung des Handlungsablaufs in

- eine Phase der Wahrnehmung bzw. Orientierung oder Informationsaufnahme (WP),
- in eine weitere Phase der Informationsverarbeitung und Handlungsvorbereitung (IV) sowie
- in eine dritte Phase der Handlungsausführung und -kontrolle (V)

kann sich auf Grundauffassungen über relevante Prozeßkomponenten stützen, die von verschiedenen informations-, verhaltens- und handlungstheoretischen Ansätzen geteilt werden (vgl. z. B. van Quekelberghe, 1979; Oesterreich, 1981; Kuhl, 1983). Wir gehen davon aus, daß die verschiedenen Variablen im Sinne einer zeitlichen Abfolge in vielen Fällen unterscheidbar sind, wenn auch vor allem die inneren Prozeßanteile als ineinander übergehend betrachtet werden müssen. Sie werden im folgenden ausführlich erläutert (s. *Abb. 5*):

Unter *Situation* (S) subsumieren wir länger- oder kurzfristig existierende, aber immer aktuell bedeutsame *interne* und *externe* Bedingungen und Ereignisse, die dem Verhalten vorausgehen. Es sollen spezifische für das Verhalten wichtige Merkmale der Situation erhoben werden. Im einzelnen interessieren:

- problemrelevante kritische Situationen bzw. Anforderungen,
- räumliche, zeitliche, materielle Bedingungen (vgl. sog. »setting«),
- Verhalten anderer Personen,
- Stimmung, Bedürfnislage des Handelnden,
- überdauernde und/oder aktuelle Bedingungen des körperlichen Befindens,

- Vorstellungen des Handelnden,
- Gedanken und Vorhaben des Handelnden.

Der *Wahrnehmungsprozeß* (WP) soll thematisiert werden als Selektionsprozeß mit den Anteilen: *Orientierung, Aufnehmen* und *Kodieren* von Informationen. Diese Teilprozesse finden auf dem Hintergrund von Vorerfahrungen, aktuellen Zielsetzungen und Bedürfnissen statt. Sie werden in der Regel als unbewußt und reaktiv erlebt, seltener als bewußt und absichtsvoll. Die Informationsaufnahme kann beispielsweise unter den Aspekten Breite, Differenziertheit, Richtung (innen/außen), Lage- bzw. Handlungsorientierung und bevorzugte Sinnesmodalität betrachtet werden.

Die *innere Verarbeitung* (IV) umfaßt Interpretation der Situation, Bewertung der Situation und Handlungsvorbereitung.
Die *Interpretation der Situation* bezieht sich auf individuelle kognitive Verarbeitungsmuster, die über beobachtbare Aspekte der Situation hinausgehen wie Kausalattribuierungen, Bedeutungszuschreibungen, Erwartungen und Schlußfolgerungen.
Bei der *Bewertung der Situation* findet ein Vergleichsprozeß zwischen Ist und Soll statt, d. h., der Handelnde bewertet die Situation in bezug auf eigene Bedürfnisse, Ansprüche und Ziele. Daraus ergibt sich für ihn der »persönliche Bedeutungsgehalt« der aktuellen Situation.
Bei der Analyse von Teilprozessen der *Handlungsvorbereitung* stellt sich die Frage, was beim Handelnden antizipatorisch aktualisiert wird

- an Wünschen, eigenen und fremden Standards (Ansprüchen an das eigene Verhalten), Zielen bzw. Konflikten zwischen den genannten Komponenten;
- an Strategien und Handlungsplänen im Sinne von Ziel-Strategien-Verbindungen;
- an Selbstwirksamkeitseinschätzungen, d. h. Einschätzung der eigenen Kompetenz und Effizienz;
- an Einschätzung möglicher Konsequenzen.

Schließlich sind volitionale Prozesse von Interesse, d. h., wie Entscheidungen zwischen verschiedenen Handlungstendenzen getroffen werden und wie die Selbstmotivierung für eine bestimmte Handlung, etwa durch Selbstinstruktion, aussieht.
Bei der Analyse der inneren Verarbeitungsprozesse geraten also Teilprozesse in den Blick, die in verschiedenen Theorieansätzen

unterschiedlich spezifiziert werden. Für die Analyse der Situationsinterpretation können etwa Attributionstheorien (vgl. u. a. Otto, 1979; Försterling, 1986) herangezogen werden wie auch der kognitive Therapieansatz von Beck (1976), in dem spezielle formale Fehler der Bedeutungszuschreibung besonders untersucht werden. Die theoretischen Aussagen der RET (Ellis, 1977) befassen sich vorrangig mit Aspekten der Bewertung der Situation. Sie können entsprechend für die Analyse dieser Teilstufe mit herangezogen werden (Hoellen, 1996).
In der Betrachtung der Handlungsvorbereitung können Ergebnisse mehrerer Theorieansätze von Interesse sein: etwa für den Bereich der Pläne die »vertikale« Verhaltensanalyse (vgl. Caspar u. Grawe, 1981) oder Ansätze zur Analyse handlungsregulatorischer Prozesse (s. hierzu die Übersicht von van Quekelberghe u. van Eickels, 1982; Kuhl, 1983). Die »self-efficacy«-Theorie von Bandura (1977) beschäftigt sich mit der handlungssteuernden Funktion von Selbstwirksamkeitseinschätzungen. Die Selbstmotivierung im Sinne förderlicher Selbstinstruktionen und Selbstverbalisierungen wird ausführlich von Meichenbaum (1979) beschrieben.
Wir meinen, daß solche heterogenen Inhalte sich in einem Handlungsmodell im Rahmen des Problemlöseansatzes sinnvoll miteinander und mit störungsspezifischen Erkenntnissen kombinieren lassen durch eine Berücksichtigung der zeitlichen Handlungsabfolge und eine Zuordnung der theoretischen Annahmen zu Teilprozessen der Handlungssequenz (vgl. auch Försterling, 1980; Wessler u. Wessler, 1980; Rehahn u. Sommer, 1982).

Verhalten (V) wollen wir in einem erweiterten Sinn verstehen; es soll nicht nur beobachtbares Verhalten, sondern Handeln und Erleben umfassen. Bei der genaueren Aufschlüsselung unterscheiden wir folgende Modalitäten:

- motorische Modalität (V_m): beobachtbare Verhaltensäußerungen
- emotionale Modalität (V_e): subjektives Erleben und Fühlen
- kognitive Modalität (V_k): Gedanken und bildhafte Vorstellungen
- physiologische Modalität (V_{ph}): körperliche Reaktionen und Körperempfindungen.

Das Verhalten steht zwar im Modell an vierter Stelle; in der praktischen Arbeit muß jedoch die Bedingungsanalyse hier ihren Anfang nehmen, weil diese schließlich dazu dient, das ausgewählte Problemverhalten funktional zu erklären. Dieses muß also vorher definiert sein, und von hier nimmt gewissermaßen die »Interpunktion« des Gesamtprozesses ihren Ausgang.

Die *Konsequenzen* (K) werden nach drei Gesichtspunkten unterteilt:

- Zeitpunkt: K_k = kurzfristige Konsequenzen
  K_l = langfristige Konsequenzen
- Entstehungsort: K_e = externe Konsequenzen: aus der Umwelt oder durch andere Personen
  K_i = interne Konsequenzen: Selbstbewertungen, Erleben, physiol. Reaktionen
- Qualität: K+ = Eintreten einer positiven Konsequenz (Belohnung, positive Verstärkung)
  ~~K-~~ = Wegfall einer antizipierten negativen Konsequenz oder Wegfall eines vorher bestehenden aversiven Zustandes (negative Verstärkung)
  K- = Eintreten einer negativen Konsequenz (Bestrafung)
  ~~K+~~ = Wegfall einer antizipierten positiven Konsequenz oder Wegfall eines vorher bestehenden positiven Zustandes (Löschung).

Entsprechend wird z. B. eine kurzfristige, interne, negative Konsequenz als K_{ki}- kodiert.
Eine lerntheoretische Analyse der Konsequenzen und Kontingenzen gibt Aufschluß über ihre verhaltenssteuernde Funktion im Sinne von Verstärkungs-, Bestrafungs- und Löschungsprozessen. Hilfreich ist hierbei, die als verhaltensbestimmend angenommenen Konsequenzen gesondert zu markieren. Auch wenn ein Verhalten nicht als operant eingestuft wurde, erscheint es uns interessant, im Sinne der TOTE-Einheit die Rückkoppelungsprozesse zu betrachten, nämlich die Auswirkungen des Verhaltens auf

- die Ausgangssituation und ihre Wahrnehmung sowie
- die innere Verarbeitung, speziell die Erwartungen auch in ihrer längerfristigen Funktion für das Verhalten in zukünftigen Situationen.

Dies entspricht einem weiterentwickelten Konzept von Lernen als Erfahrungs- und Erwartungsbildung. Abb. 5 zeigt die Komponenten im Überblick.

(S) Situation

Überdauernde bzw. akute interne oder externe Vorbedingungen und Ereignisse
- problemrelevante kritische Situationen bzw. Anforderungen
- räumliche, zeitliche, materielle Bedingungen (setting)
- Verhalten anderer Personen
- eigenes Verhalten
- Stimmung, Bedürfnislage des Handelnden
- überdauernde und/oder aktuelle Bedingungen des körperlichen Befindens
- Vorstellungen, Gedanken und Vorhaben

WP Wahrnehmungsprozeß

Orientieren
Aufnehmen und
Kodieren von Informationen

IV Innere Verarbeitung

Interpretation der Situation
Kausalattribuierung, Bedeutungszuschreibung, Erwartungen, Schlußfolgerungen

Bewertung der Situation
in bezug auf eigene Bedürfnisse, Ziele, Ansprüche; persönlicher Bedeutungsgehalt der aktuellen Situation (Vergleichsprozeß zwischen Ist und Soll)

Handlungsvorbereitung
- Wünsche, eigene und fremde Standards, Ziele bzw. Konflikte zwischen den genannten Komponenten
- Strategien, Handlungspläne, Handlungstendenzen
- Selbstwirksamkeitseinschätzungen, d. h. Einschätzung der eigenen Kompetenz und möglicher Konsequenzen (Effizienz)
- Entscheidung und Selbstmotivierung (z. B. durch Selbstinstruktionen)

V Verhalten i. S. von Handeln und Erleben

V_m – motorische Modalität, beobachtbare Verhaltensäußerung
V_e – emotionale Modalität, subjektives Erleben und Fühlen
V_k – kognitive Modalität, Gedanken und bildhafte Vorstellungen
V_{ph} – physiologische Modalität, körperliche Reaktionen und Körperempfindungen

(K) Konsequenzen

- Zeitpunkt: kurzfristig/langfristig (K_k/K_l)
- Entstehungsort: extern/intern (K_e/K_i)
- Qualität: Entstehen bzw. Wegfall positiver oder negativer Konsequenzen (K+, K-, $\not{K}+$, $\not{K}-$)

Abb. 5: Modell zur Bedingungsanalyse von Verhalten in aktuellen Situationen: Ausführung der Bestimmungsstücke

2.1.2.2 Hinweise zur Anwendung des Modells

Die Informationen aus den Situationsbeispielen werden anhand der aufgeführten Bestimmungsstücke strukturiert und in Form von zeitlich gegliederten *Verhaltenssequenzen* veranschaulicht. Dabei kann nach dem in *Abb. 6* dargestellten Grundmuster vorgegangen werden.

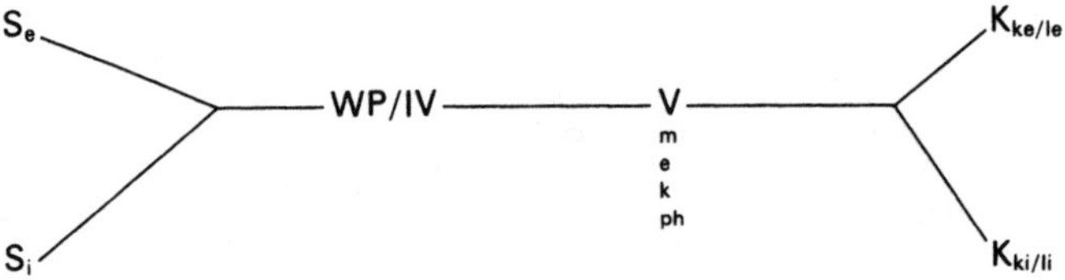

Abb. 6: Schema einer Verhaltenssequenz

Die Darstellung einer Verhaltenssequenz sollte sich auf die Bestimmungsstücke beschränken, die für die Verhaltenssteuerung bedeutsam sind. Werden mehrere Interaktionspartner in die Analyse einbezogen, so läßt sich dies wie in *Abb. 7* darstellen.
Zeitlich aufeinanderfolgendes Verhalten kann wie in *Abb. 8* dargestellt werden.

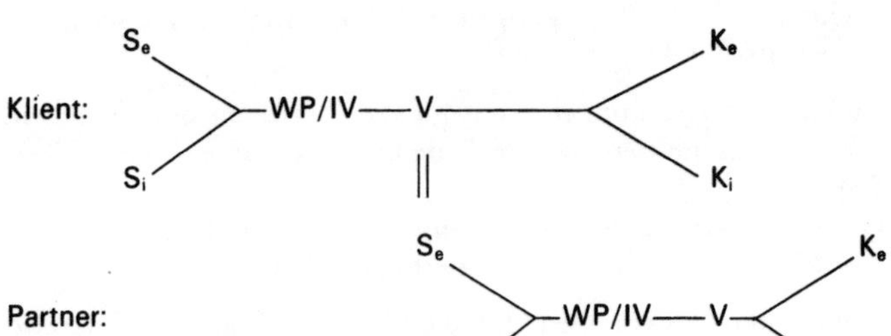

Abb. 7: Schema einer Verhaltenssequenz: Zweierinteraktion

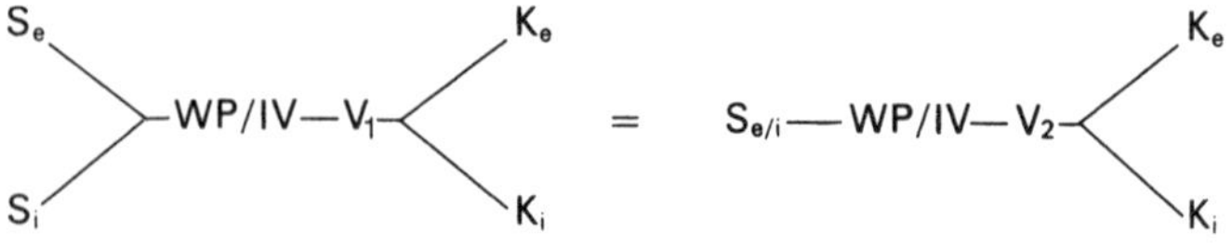

Abb. 8: Schema einer Verhaltenssequenz: aufeinanderfolgende Verhaltensweisen

Es folgt ein Beispiel für eine Verhaltenssequenz:

Frau R. hat sich von ihrem Mann getrennt; sie fühlte sich viele Jahre lang in Auseinandersetzungen mit ihrem Mann verbal unterlegen. Sie berichtet der Therapeutin von ihren Schwierigkeiten, im Rahmen einer Gerichtsverhandlung zur Klärung der Unterhaltszahlung ihre Interessen zu vertreten und durchzusetzen (s. *Abb. 9*).
Es kann angenommen werden, daß das Verhalten von Frau R. durch die negativen Erwartungen und die kurzfristige negative Verstärkung gesteuert wird. Die langfristigen Konsequenzen führen zur Aufrechterhaltung ihres schwachen Selbstbildes. Die unbefriedigende finanzielle Situation bleibt weiter bestehen.

Wir schlagen vor, die vorausgehenden und vermittelnden Bedingungen dahingehend zu differenzieren, wie häufig bzw. in welcher Erscheinungsform das Verhalten bei ihrer Anwesenheit auftritt. Unterschieden werden kann mit folgenden Fragen:

- Unter welchen Bedingungen tritt das Verhalten häufig bzw. selten auf?
- Unter welchen Bedingungen tritt das Verhalten in besonders intensiver Form auf, wann abgeschwächt?
- Unter welchen Bedingungen tritt das Verhalten mit speziellen Verlaufscharakteristika auf?

Auf diese Weise können dann für das Auftreten des Verhaltens *erleichternde* und *erschwerende* Bedingungen unterschieden werden.
Die *Klassifikation des problematischen Verhaltens* kann nach der Art seiner jeweiligen Steuerung erfolgen. Wir unterscheiden

- Verhalten, das vor allem durch die *vorausgehenden* und *vermittelnden Bedingungen* (S, WP, IV) gesteuert wird. Es beruht zum einen auf Lernprozessen, die analog zum Paradigma der klassischen Konditionierung verstanden werden können, zum ande-

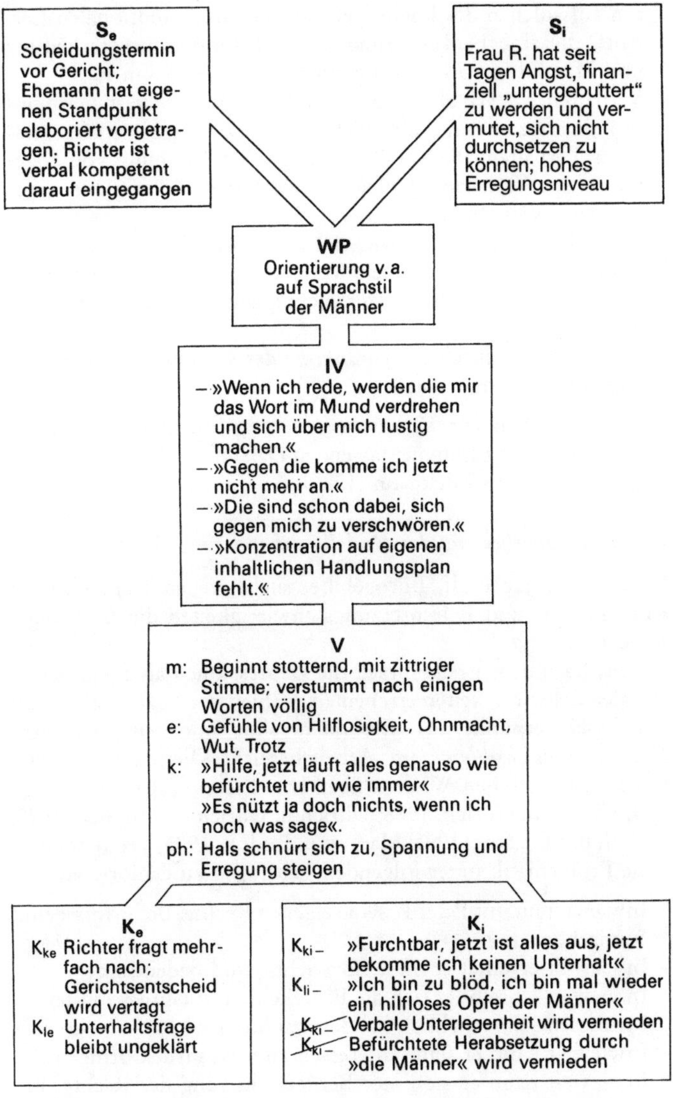

Abb. 9: Beispiel für eine Verhaltenssequenz

ren auf solchen des kognitiven, sozialen und emotionalen Lernens, die eine Fehlsteuerung in der Informationsverarbeitung und Handlungsvorbereitung zur Folge haben können.

- Verhalten, das vor allem durch die *Konsequenzen* gesteuert wird (K): positive oder negative (Selbst-)Verstärkung für unangemessenes Verhalten; (Selbst-)Bestrafung oder Löschung von angemessenem Verhalten; fehlende (Selbst-)Verstärkung für angemessenes Verhalten.
  Wird das Verhalten vorwiegend durch die Konsequenzen gesteuert, kann von operantem Verhalten gesprochen werden.
- Verhalten, das durch *Modellwirkung* gesteuert und aufrechterhalten wird.
- Verhalten, das durch *Einschränkung des Wissens- und/oder Verhaltensrepertoires* entsteht.

Nähere Angaben zur Verhaltenssteuerung finden sich bei Kuhl (1983) und in der zusammenfassenden Darstellung lernpsychologischer Ansätze von Edelmann (1986).

2.1.2.3 Verdeutlichung des Modells anhand eines Beispiels

Peter F., 22 Jahre alt, Bürogehilfe, sucht wegen Depressionen, Kontaktangst und Durchsetzungsschwierigkeiten die Beratungsstelle auf.

Da uns nach dem Erstgespräch die Depressionen als Folge seiner sozialen Schwierigkeiten erscheinen, wählen wir letztere als ersten Arbeitsschwerpunkt aus. Besonders akut sind zur Zeit seine *Durchsetzungsprobleme* im Arbeitsbereich. Die Aktualisierung störungsspezifischen Wissens über Durchsetzungsprobleme (vgl. z. B. Ullrich u. Ullrich, 1978; Ullrich u. Ullrich de Muynck, 1980; Hinsch u. Pfingsten, 1991; Margraf u. Rudolf, 1995) veranlaßt uns, seine Problematik unter folgenden Leitfragen zu explorieren:

- Inwieweit nimmt Peter F. seine eigenen Rechte, Bedürfnisse und Wünsche wahr?
- Inwieweit erachtet er diese für wichtig und bedeutsam?
- Inwieweit schreibt er sich die Fähigkeit zu, entsprechend seinen Interessen selbstwirksam handeln zu können?
- Inwieweit kann er seine Interessen zum Ausdruck bringen?
- Inwieweit kann er sie unter Berücksichtigung der Rechte, Bedürfnisse und Wünsche anderer angemessen durchsetzen?

Weiter ist abzuklären, ob es sich bei den konkreten Schwierigkeiten dieses Klienten eher um Verhaltensdefizite handelt, oder ob die

in diesem Bereich vorhandenen Kompetenzen in ihrer Ausführung durch soziale Angst blockiert werden.
Für die Ausarbeitung einer Bedingungsanalyse halten wir es für sinnvoll, das Problem anhand mehrerer konkreter und spezifischer Beispiele vom Klienten schildern zu lassen. Peter F. berichtet als typisch für seine Schwierigkeit, sich gegenüber Kränkungen und Übergriffen durchsetzen zu können, folgendes Beispiel:

Peter F. teilt sein Büro mit einem Arbeitskollegen. In diesem Raum befindet sich auch das neue Kopiergerät, dessen Funktionsweise Herr F. als einziger beherrscht. Eines Morgens betritt der Vorgesetzte von Herrn F. den Raum, um sich in die Arbeit mit dem neuen Kopierer einweisen zu lassen. Der Arbeitskollege M. ist ebenfalls im Raum. Kaum beginnt Peter F. dem Vorgesetzten gegenüber mit seinen Erläuterungen, stört der Arbeitskollege mit Zwischenbemerkungen wie: »Hoffentlich geht das gut. Mach bloß keinen Blödsinn!« Der Vorgesetzte reagiert nicht auf den Einwurf des Kollegen, sondern hört aufmerksam zu. Herr F. läßt sich durch die Äußerungen seines Arbeitskollegen M. sehr verunsichern und denkt: »Der Chef wird sicher glauben, daß etwas dran ist an dem, was M. sagt. Er hält mich sicher für bescheuert!« In seinem Magen zieht sich alles zusammen, und er schwitzt. Am liebsten würde er sich verkriechen, gar nicht anwesend sein. Er fühlt Ärger über den Kollegen aufsteigen und Wut über sich selbst, daß er nicht souverän über den Dingen stehen kann. Würde er kontern, so befürchtet er, von seinem Kollegen heruntergeputzt zu werden. Das wäre eine fürchterliche Blamage. Herr F. sagt sich resigniert: »Schon wieder bin ich der dumme Junge! Immer gebe ich ein schlechtes Bild ab!« Diese Gedanken gehen ihm durch den Kopf, während er bemüht ist, das Kopiergerät so ruhig wie möglich weiter zu erläutern. Dabei empfindet er seine Stimme als »quäkig«. »Morgen werde ich es M. aber geben«, nimmt sich Herr F. vor; aber es ist ihm heute schon klar, daß ihm dazu der Mut fehlen wird.

Bei der *Auswahl der abhängigen Variablen* in dieser Beispielsituation haben wir uns orientiert am Problem »sich nicht durchsetzen, nicht behaupten können«. Von daher interessiert uns, warum Herr F. nicht selbstsicher auf den Kollegen reagiert.
Wie sieht nun dieses *unerwünschte Verhalten* auf allen Ebenen aus? Peter F. fühlt sich unsicher, gleichzeitig aber auch wütend, reagiert körperlich mit Schwitzen und Magenbeschwerden und handelt äußerlich automatisch weiter, indem er mit den Erläuterungen fortfährt. Die Auseinandersetzung mit dem Kollegen spielt sich allein auf der gedanklichen Ebene ab und bleibt auch dort.
Wodurch wird dieses Verhalten bestimmt?

Diese Frage kann anhand der Variablen des Modells in folgender Weise behandelt werden:

S_e = externe Situation
- Vorgesetzter (Autorität)
- Anforderung: Kopierer erklären
- Arbeitskollege anwesend (Beobachter)
- Aktuelle S_e: Bemerkungen vom Kollegen

S_i = interne Situation
- Klient sieht sich der sachlichen Aufgabe eigentlich gewachsen
- Beunruhigt durch Anwesenheit des Kollegen.

WP = Wahrnehmungsprozeß
- Auffallend ist die Orientierung auf das Verhalten des Kollegen (Beobachter), speziell dessen Bemerkungen.
- Das tatsächliche Verhalten des Chefs nimmt der Klient weniger wahr (Ausblenden).

IV = Innere Verarbeitung

Interpretation der Situation:
- Der Klient nimmt die Bemerkungen des Kollegen als abfällig und abwertend wahr.
- Er interpretiert sie als Störversuche und Herabsetzung.
- Entsprechend der eingeschränkten Wahrnehmung fehlt die Würdigung des weiterbestehenden Interesses von seiten des Chefs.
- Statt dessen die Vermutung, daß der Chef die Perspektive des Kollegen teilt.

Bewertung:
- Die vermutete pauschale Herabsetzung durch Kollegen und Chef bewertet der Klient als schlimm für sich.
- Er zieht daraus den Schluß, als ganze Person wertlos zu sein.

Handlungsvorbereitung:
- Der Klient steht im Konflikt zwischen den Impulsen, zu kontern (»Angriff«) versus sich zu verkriechen (»Flucht«);
- außerdem Ausrichtung am Standard, souverän über den Dingen stehen zu »müssen«, in dessen Verwirklichung er sich durch den Kollegen blockiert sieht;
- zusätzliche Konflikte zwischen dem Anspruch »cooler Souveränität« und dem Fluchtimpuls einerseits sowie dem »aggressiven« Impuls andererseits;
- die Selbstwirksamkeitseinschätzung ist gering; er hat weder Kompetenz- noch Effizienzvertrauen, dem Kollegen Grenzen zu setzen;

- er traut sich erfolgreiches Kontern nicht zu, befürchtet für diesen Fall eine Niederlage und noch größere Herabsetzung (»fürchterliche Blamage«);
- keine bewußte Entscheidung zwischen den beiden Impulsen;
- außerdem bleibt die Norm wirksam, Anforderungen des Chefs auf jeden Fall möglichst gelassen Folge zu leisten; folglich Aktivierung relativ automatisierter Handlungsmuster.

V = Verhalten

V_m: Kl verharrt in der Situation, er erläutert »automatisch« das Kopiergerät, äußert sich nicht zu den Einwürfen des Kollegen.

V_e: Steigender Ärger über Kollegen, wachsende Wut über sich selbst.

V_k: »Ich bin nicht fähig, souverän zu sein.«
»Am liebsten würde ich mich verkriechen.«
Hat den Eindruck, daß seine Stimme »quäkig« klingt.

V_{ph}: Er schwitzt, sein Magen zieht sich zusammen.

K = Konsequenzen:

Interne Konsequenzen, kurzfristig (K_{ki})
- Starke generalisierte Selbstabwertung, gespeist aus der vermuteten Fremdabwertung: »Schon wieder bin ich der dumme Junge, immer gebe ich ein schlechtes Bild ab!« (K_{ki-})
- Erwartung eigener Inkompetenz beim Gedanken an Rache; (Hilflosigkeit) (K_{ki-})
- Erwartung einer weiteren Verschlechterung seines »Prestiges« beim Chef (K_{ki-})

Interne Konsequenzen, langfristig (K_{li})
- In Anbetracht ihres Generalisierungsgrades sind diese aktuellen Konsequenzen als überdauernde und stabil wirksame Faktoren einzuschätzen: Bestätigung des pauschal negativen Selbstbildes (»dumm«, »bescheuert«, »machtlos«) (K_{li-})

Externe Konsequenzen, kurzfristig (K_{ke})
- Die befürchteten externen Konsequenzen (Herabsetzung und »fürchterliche Blamage«, falls er gekontert hätte) treten nicht ein; somit scheint das Unterlassen des Konterns negativ verstärkt zu werden (K_{ke-})
- Chef reagiert ausschließlich auf sachliche Bezüge, bleibt weiterhin freundlich neutral (K_{ke+})

Externe Konsequenzen, langfristig (K_{le})
- Kollege behält die »Frotzeleien« bei (K_{le-})
- wahrscheinlich keine Prestigeeinbuße beim Chef (K_{le-})

Nach der Auswertung weiterer ähnlicher Situationen legt die Bedingungsanalyse folgende *Hypothesen* nahe:

1. Der Klient ist selektiv im Wahrnehmungsprozeß auf »Störenfriede« ausgerichtet.
2. Interpretation und Bewertung laufen bei ihm verzerrt in Richtung einer umfassenden Herabsetzung durch andere und einer stark generalisierten Selbstabwertung wie »ich bin minderwertig, ich bin der Doofe, ich bin lächerlich« ab.
3. Er hat keine ausreichenden Handlungspläne zur Verfügung, um sich gegen andere abzugrenzen.
4. Seine Selbstwirksamkeitseinschätzung bezüglich der Strategie »kontern« ist sehr gering. Es bleibt offen, ob diese Einschätzung auf Verhaltensdefiziten oder auf erlebten Mißerfolgen mit Durchsetzungsversuchen basiert.
5. Es findet eine Blockade der Handlungsausführung durch Konfliktvermeidung statt, weiter eine Vermeidung der äußeren Sanktionen, evtl. auch eine Vermeidung überschießender eigener aggressiver Impulse (Kontrollverlust) und entsprechender Reaktionen der sozialen Umwelt.
6. Handlungsblockade bzw. Vermeidungsverhalten führen zur Aufrechterhaltung von Befürchtungen, zum Nicht-Austesten der Konsequenzen in der Realität.

Gehen wir davon aus, daß das Verhalten als derzeit günstigste verfügbare Problemlösung im Sinne eines Kompromisses zwischen verschiedenen aktuellen Handlungstendenzen zu betrachten ist, so wird besser verständlich, *warum* Peter F. in dieser Situation sich *so und nicht anders* verhält.

Wir fassen noch einmal die Schritte zusammen, die für das Erstellen eines funktionalen Bedinungsmodells durchlaufen werden sollten:

- Umschreiben Sie das Problem, welches Sie erklären wollen, möglichst genau.
- Suchen Sie für dieses Problem typische Beispielsituationen aus der letzten Zeit aus.
- Klären Sie nun als erstes, welches Verhalten bzw. Erleben aus dieser Beispielsituation problematisch oder unangemessen erschein! Dieses stellt im folgenden die zu erklärende »abhängige Variable« dar.
- Wie sieht das konkrete Verhalten in dieser Situation aus? Beschreiben sie es auf allen Ebenen: Tun, Äußerungen (Vm);

Erleben (Ve); Gedanken, Vorstellungen (Vk); Körperempfindungen, körperliche Veränderungen (Vph).

- Gehen sie die typische Situation durch und füllen Sie die Variablen S, WP, IV und K mit den zugehörigen Situationen:
  - Was kennzeichnet die vorausgehende innere und äußere Situation? (S)
  - Worauf ist die Wahrnehmung ausgerichtet? (WP)
  - Wie werden die Informationen verarbeitet? (IV)
  - Welche positiven und/oder negativen Konsequenzen (K) folgen dem Verhalten? Was wird möglicherweise durch das Verhalten vermieden?
- Analysieren Sie auf die gleiche Art und Weise Beispiele für ausnahmesituationen und positive Erfahrungen mit dem gewünschten Alternativverhalten
- Identifizieren Sie die steuernden Bedingungen für das Problemverhalten und das Alternativverhalten und formulieren Sie entsprechende Hypothesen.
- Erstellen Sie auf dieser Grundlage ein funktionales Bedinungsmodell.
- Welche zusätzlichen Informationen benötigen Sie noch, um Ihre Hypothesen abzusichern? Wie können Sie diese Informationen bekommen?
- Bearbeiten Sie nach demselben Muster weitere Beispielsituationen und vergleichen Sie diese mit der ersten analysierten Situation für dieses Problem: Gelten die formulierten Hypothesen weiterhin? Oder müssen sie korrigiert oder ganz neuformuliert werden?

2.2 Ebene der Regeln und Pläne – *»Jetzt vergrößert sich das Blickfeld«*

An die Problemanalyse auf der *horizontalen* Ebene aktueller Handlungsverläufe (V i-S) schließt sich die sog. *vertikale* Analyse an, die die Verhaltenssteuerung im Zusammenhang situationsübergreifender allgemeiner Ziele betrachtet (Grawe u. Dziewas, 1978). Im Zusammenhang damit geht es um folgende Fragen:

- Wie kann der Tatsache der hierarchischen Organisation von Handlungssequenzen im Hinblick auf übergeordnete Ziele des Individuums Rechnung getragen werden?
- Wie können nun die Erkenntnisse der Bedingungsanalyse über die aktuelle Handlungssteuerung in Verbindung gebracht wer-

den mit überdauernden Komponenten und Strukturen der Handlungssteuerung?
- Wie können eingeschliffene Reaktionsbereitschaften, Verhaltensmuster und Gewohnheiten entsprechend ihrer Genese einbezogen werden?

Die inneren Prozesse der Handlungsregulation und die ihnen zugrundeliegenden Schemata und Steuerungsmechanismen werden von verschiedenen psychologischen Richtungen jeweils unterschiedlich differenziert. Wir beziehen uns im folgenden auf klassische und neuere handlungs- und kognitionstheoretische Ansätze, in denen der Mensch als aktiv und zielgerichtet Handelnder begriffen wird, der verändernd in seine Umwelt eingreift und seine Erfahrungen in ständiger Wechselwirkung mit ihr organisiert (Hakker, 1973; Volpert, 1974; Ellis, 1977; Groeben u. Scheele, 1977; Mahoney, 1977; Semmer u. Pfäfflin, 1978; Meichenbaum, 1979; Kuhl, 1983; Groeben, 1986).

Historisch gesehen geht diese Richtung auf relativ frühe Konzepte zurück (Klemm, 1954; Buytendijk, 1956; Leontjew, 1973), die - angeregt durch die Arbeiten von Miller et al. (1960; deutsch 1973) - im deutschsprachigen Raum wieder in den Vordergrund getreten sind (Thomas, 1976; Kuhl, 1983; van Quekelberghe u. van Eickels, 1983; van Quekelberghe, 1986). Dabei liegt das Schwergewicht der Betrachtung und besonders der empirischen Überprüfung zunächst meist auf der (Mikro-)Analyse der sensumotorischen Regulation. Aussagen über höhere Regulationsebenen bleiben weitgehend spekulativ. Gerade an diesem Punkt ergeben sich auch Probleme bei der *Übertragung* der Ansätze auf den Bereich der Analyse interpersoneller Probleme, bei denen die sensumotorische Regulation nur eine untergeordnete Rolle spielt. Hier ist eine Makroanalyse auf höherem Abstraktionsniveau gefordert, die zugleich der Komplexität und Vernetztheit psychischer Probleme Rechnung trägt (Seidel, 1976; Dörner et al., 1983).

Zum anderen schließen wir uns bei der Erörterung der Plananalyse vor allem an die Konzeptentwicklung der Arbeitsgruppe um Grawe an, die einen entscheidenden Beitrag zur Weiterentwicklung des verhaltensanalytischen Vorgehens geleistet hat (vgl. Grawe u. Dziewas, 1978; Grawe, 1980; Grawe u. Caspar, 1984; Caspar, 1989). Eine vielversprechende Weiterentwicklung des Plananalyse-Ansatzes zeichnet sich in der Rezeption der Schema-Theorie durch Grawe und Mitarbeiter ab (vgl. Grawe, 1987 und Grawe et al., 1996).

2.2.1 Grundannahmen zum Plankonzept

Im folgenden skizzieren wir das Plananalyse-Konzept stichpunktartig; eine ausführliche Darstellung und Begründung findet sich bei Caspar (1989).

- *Definition:*
  Zentrale Analyse-Einheit des Plananalyse-Ansatzes ist der Plan, der als Verbindung zweier Bestimmungsstücke definiert wird:
  (1) das Ziel, das durch eine bestimmte Handlungsweise erreicht werden soll, und
  (2) das zugehörige Mittel/die Strategie zur Zielerreichung (bei Miller et al. (1973) »Operation«).

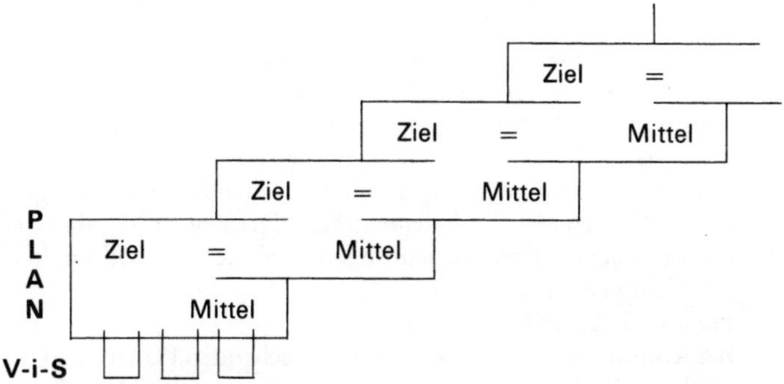

Abb. 10: Pläne als hierarchische Anordnung von Ziel-Mittel-Verbindungen

- *Hierarchische Struktur:*
  Die Plananalyse bildet das hierarchische Organisationsprinzip der Handlungssteuerung ab (s. *Abb. 10*), wobei es auf jeder Stufe der Hierarchie auch sequentielle Anordnungen geben kann (s. auch Semmer u. Frese, 1979).
  Die Zielkomponente eines Plans kann jeweils zugleich als Strategiekomponente eines übergeordneten Planes betrachtet werden. Die Stellung von Plänen in der hierarchischen Struktur ist also relativ. Die umfassendsten Pläne (hierarchisch hochrangig) repräsentieren entsprechend ganz allgemeine Bedürfnisse eines Menschen.
- *Mehrfache Ziel-Mittel-Verknüpfungen:*
  In der Regel stehen für die Verwirklichung eines Ziels mehrere strategische Möglichkeiten zur Auswahl. Oft müssen dafür mehrere Teiloperationen sequentiell verknüpft werden. Weiter ist ein

konkretes Verhalten in einer aktuellen Situation häufig mehrfach bestimmt: Es resultiert aus dem Bemühen, mehreren Plänen gleichzeitig Rechnung zu tragen.

- *Instrumentelle Sichtweise:*
  Die Plananalyse fragt nach den instrumentellen Aspekten des Verhaltens, also letztlich nach seiner Funktion für übergeordnete Ziele und Bedürfnisse des Individuums. In umgekehrter Richtung interessiert die strategische Operationalisierung bestehender Ziele.
- *Integrativer Wert:*
  Damit eröffnet das Plankonzept einen interessanten Verbindungsweg zwischen psychodynamischen personzentrierten Therapieansätzen, die sich schwerpunktmäßig mit der Entwicklungsdynamik von Motiven beschäftigen, und verhaltensorientierten Therapieansätzen, die sich vorwiegend auf die Optimierung von Kompetenzen und Fertigkeiten richten (vgl. Grawe u. Caspar, 1984). Die systematische Berücksichtigung und Integration sowohl des Motiv- als auch des Fertigkeitsaspektes für Verständnis und Veränderung komplexer Handlungsweisen gleichen die jeweils komplementären Defizite und »blinden Flecken« beider Therapierichtungen im Sinne einer vollständigeren Sichtweise aus.
- *Plankonflikte und Symptom:*
  Bei Konflikten zwischen sich widersprechenden Plänen stellt das konkrete Verhalten einen mehr oder weniger gelungenen Kompromiß zwischen diesen dar. Werden Symptome als wenig befriedigende Integrationsversuche zwischen widerstreitenden Plänen aufgefaßt, dann eröffnet sich ein neues Verständnis von Symptom und Widerstand gegen Veränderung.
- *Bewußtheit/Unbewußtheit:*
  Pläne können bewußt oder nicht-bewußt sein. Vor allem *interaktionelle* Verhaltenspläne sind nur teilweise kognitiv repräsentiert und oft hochautomatisiert. Sie müssen daher im Gespräch und durch Beobachtung beispielsweise transsituativer Konsistenzen durch den Therapeuten erschlossen werden und sind später Gegenstand der therapeutischen Verständigung. Häufig werden sie erst durch die sprachliche Formulierung bewußt und somit einer Reflexion zugänglich. Durch die Plananalyse können die Beteiligten also einen höheren Grad von Bewußtheit für die Steuerung eigenen Verhaltens erreichen, wodurch gelegentlich allein schon eine Änderung im Erleben und Verhalten im Sinne einer Entautomatisierung erzielt wird. Bei anderen Klienten er-

leichtert diese Kenntnis zumindest die Änderung (s. auch Grawe, 1978).

- *Hypothetisches Konstrukt:*
  Das Plankonzept als Ziel- und Strategiekomplex stellt eine gedankliche Strukturierungshilfe für Therapeuten und Klienten im Sinne eines hypothetischen Konstruktes dar und ist nicht als Entität zu verstehen, die es zu suchen und zu finden gilt (siehe auch Fiedler, 1979).
  Die Begriffe »Regeln« und »Pläne« benutzen wir synonym auf allen hierarchischen Ebenen der Planstruktur. Da mit dem Wort »Plan« alltagssprachlich oft absichtsvolles, bewußtes Verhalten gemeint ist, bevorzugen wir allerdings im Therapiegespräch häufig den Begriff »Regel«. Mit diesem Wort verbinden Klienten leichter Imperativformulierungen, die als Versprachlichung verhaltenssteuernder Pläne besonders eingängig sind.
- *Interaktionelle Pläne:*
  Ein Großteil des menschlichen Verhaltens richtet sich auf Ziele im sozialen Zusammenhang, ist also Teil interaktioneller Pläne. Im Sinne ihrer interaktionellen Pläne versuchen Interaktionspartner sich - unbewußt oder bewußt - gegenseitig zu beeinflussen, d. h., sie versuchen, einander zu Verhaltensweisen zu bringen, die den eigenen Plänen entsprechen, bzw. an Verhaltensweisen/Reaktionsformen zu hindern, die den eigenen Bedürfnissen zuwiderlaufen.
- *Beziehung, psychische Störung, Therapie:*
  Unter dieser Perspektive lassen sich psychische Störungen als zwischenmenschliche Beziehungsstörungen verstehen bzw. als Folge davon auffassen. Auch die therapeutische Situation stellt einen Ausschnitt des interaktionellen Verhaltens des Klienten (und des Therapeuten!) dar und kann als diagnostisches Mittel zur Erschließung von Plänen nutzbar gemacht werden.
- *Emotionen:*
  Emotionen geben zum einen unmittelbar Aufschluß darüber, wie ein Individuum in jedem Moment seine persönlichen Pläne zu realisieren vermag. Kommt es zur Gefährdung oder Blockade wichtiger Handlungspläne, werden heftige negative Gefühle aktiviert. Positive Gefühle entstehen, wenn Pläne erfüllt werden, bzw. wenn sich neue Wege für die Erfüllung bedeutsamer Pläne auftun. Pläne haben zum anderen Einfluß auf Auftreten und Art von Emotionen (ob jemand beispielsweise auf eine Bedrohung mit Angst oder Aggression antwortet) und darauf, wie diese Emotionen zugelassen, ausgedrückt und bewertet werden.

- *Therapieziel: mehr Wahlmöglichkeiten:*
  Therapieziel im Rahmen des Plankonzeptes ist eine Erweiterung der Wahlmöglichkeiten des Individuums, so daß es in die Lage versetzt wird, durch ein breiteres Handlungsrepertoire
  - seine Bedürfnisse auf befriedigendere Weise zu erfüllen,
  - Kompromisse zwischen widersprechenden Plänen zufriedenstellender zu gestalten,
  - bislang defizitäres Verhalten aufzubauen.

  Hierbei sollten keinesfalls seine übergeordneten Bedürfnisse in Frage gestellt werden.
- *Regeln für die therapeutische Interaktion:*
  Für das Interaktionsverhalten des Therapeuten lassen sich auf diesem Hintergrund grundsätzliche Regeln ableiten. Er sollte sich zu zentralen Bedürfnissen/Plänen des Klienten vor allem zu Beginn der Therapie nicht konträr, sondern im Sinne eines »joining« komplementär verhalten; plankonträres Verhalten sollte nicht zu früh und wenn, dann sehr sorgfältig geplant und eingesetzt werden.

2.2.2 Praktische Hinweise zum Erschließen von Regeln und Plänen

Die Plananalyse als Teil der Problemanalyse hat das Ziel, problematische Verhaltensmuster in ihrer instrumentellen Funktion für wichtige übergeordnete Ziele der Person umfassend zu verstehen. Außbauend auf der in der ersten Phase durchgeführten horizontalen Verhaltens-Prozeßanalyse werden in der vertikalen Plan-Strukturanalyse Probleme in einem größeren Planungs- und Handlungszusammenhang betrachtet. So werden längerfristige Motivationen, situationsübergreifende Lernprozesse und übergeordnete Ziele auf ökonomische Weise berücksichtigt.
Die Erhebung dieser Zusammenhänge und ihre graphische Darstellung in einer hierarchisch verschachtelten Planstruktur wird mit vielen praktischen Beispielen ausführlich erläutert bei Caspar (1989), auf den wir uns im folgenden beziehen.
Grundsätzlich kann die Plananalyse in *beide Richtungen* der Hierarchie erfolgen:

a) Planerschließung von unten nach oben (»bottom up« ↑):

Ausgehend von häufig auftretendem konkreten Verhalten in Situationen (V-i-S) wird ein gemeinsamer Nenner gesucht; aus solchen allgemeinen Mustern werden dann Verhaltensregeln bzw. -pläne vom Therapeuten abgeleitet oder, wenn möglich, mit dem/den Beteiligten gemeinsam erarbeitet. Dabei werden Informationen aus der Exploration, aus Fragebogen, aus Selbst- und Fremdbeobachtung sowie aus der V-i-S-Analyse herangezogen. Auch die therapeutische Beziehungssituation kann hier diagnostisch unmittelbar genutzt werden, indem interaktionelle Pläne aus dem Verhalten des Klienten und dessen Wirkung auf den Therapeuten erschlossen werden.

Frau R. läßt sich nicht nur in der oben genannten Gerichtssituation (s. S. 44 f.) durch verbal kompetente Männer verunsichern. Auch wenn die Therapeutin geschickt oder etwas ausführlicher Zusammenhänge formuliert, verstummt die Klientin nachhaltig. Die Therapeutin fühlt sich auf unbestimmte Weise schuldig und bemüht sich vermehrt, die Klientin wieder zum Sprechen zu bringen. Bei genauerer Beobachtung solcher Situationen fällt ihr auf, daß sie sich vor allem durch den vorwurfsvollen Blick der Klientin steuern läßt. Aus der Wirkung des interaktionellen Verhaltens der Klientin auf sich selbst leitet die Therapeutin als hypothetische Pläne der Klientin ab:
- »Überprüfe laufend, ob dein Gegenüber dich als gleichwertig anerkennt und dich wichtig nimmt.«
- »Suche Aufmerksamkeit und Unterstützung, indem du dich gekränkt zurückziehst.«
- »Sorge nicht aktiv sondern auf indirekte Weise für deine Interessen.«

Die Therapeutin merkt, daß sie selbst mal wieder nach ihrem Muster »Zeige dich hilfreich und fürsorglich, wenn dein Gegenüber sich als schwach zeigt« gehandelt hat.

In diesem Zusammenhang wird die Nähe zu analytischen Konzepten der Übertragung und Gegenübertragung offenbar, wobei das methodische Vorgehen der Plananalyse allerdings von durchgängigem Bemühen gekennzeichnet ist, den hypothetischen Charakter der Konstrukte und die Notwendigkeit ihrer Operationalisierung zu betonen.
Wichtige *Leitfragen* zur Entwicklung von Hypothesen zu interaktionellen Plänen aus der subjektiven Wirkung des Interaktionsverhaltens auf den Therapeuten sind:

- Welche Gefühle und Vorstellungen löst der Klient bei mir und anderen aus?

- Welche Reaktionstendenzen nehme ich bei mir wahr? Was scheint der Klient bei mir und anderen erreichen zu wollen? Zu welchen zwischenmenschlichen Verhaltensweisen will er mich anscheinend bringen?
- Welches Bild von sich scheint der Klient bei mir oder anderen erwecken zu wollen, welches vor sich aufrechterhalten zu wollen? Welche Strategien fallen dabei besonders auf?
- Welches Verhalten von mir oder anderen wäre dem Klienten gegenüber in dieser Situation absolut unpassend? Was würde mir schwerfallen? Welche zwischenmenschlichen Reaktionen scheint der Klient bei mir verhindern zu wollen?
  (Vgl. Caspar, 1989)

Der Therapeut kann aus der Wirkung des interaktionellen Verhaltens auf seine eigene Person einen entsprechenden Plan erschließen (↑) und daraufhin seine Aufmerksamkeit gezielt auf die dafür verantwortliche Operation lenken. In der Folge kann er seine Hypothesen durch Beobachtung und entsprechende Fragen weiter überprüfen, indem er weitere Belege und auch Gegenbeispiele sammelt (↓).

b) Planerschließung von oben nach unten (»top down« ↓):

Die Analyse von oben nach unten versucht, eine Antwort auf die Frage zu geben, welche individuellen Strategien der Klient entwickelt hat, um seine wichtigsten Bedürfnisse zu befriedigen. Aus Selbstberichten und kommunizierten Einstellungen und Zielvorstellungen werden zugehörige Mittel/Strategien vorhergesagt und konkrete Situationsschilderungen daraufhin durchleuchtet.

Herr A. möchte möglichst bald beruflich befördert werden. ↓
Er versucht, einen besonders guten Eindruck bei seinem Chef zu erwecken, indem er ↓
a) immer das tut, was dieser von ihm verlangt,
b) dabei seinen Arbeitseifer betont zum Ausdruck bringt.
Er übernimmt z. B. »mit großer Freude« häufig anfallende Wochenendarbeiten. ↓
Er hat es sich zur Regel gemacht, an jedem Freitag von sich aus zu fragen, ob über das Wochenende etwas zu erledigen sei.

Das Formulieren von Plänen erfolgt üblicherweise verhaltensnah im Imperativ (»Bagatellisiere negative Gefühle!«, »Reduziere Spannung!«). Die direkt beobachteten Aspekte des Verhaltens auf der untersten Ebene der Planstruktur (Klient lacht nach Ausdrücken

von Angstgefühlen) werden im Indikativ ausgedrückt. Die Imperativformulierung regt zu der therapeutisch produktiven Vorstellung an: Der Klient verhält sich so, als gelte der Imperativ XY für ihn.
Es ist hilfreich, Ziel- und Mittelaspekte in der Plan-Formulierung jeweils klar zu identifizieren, nämlich den Zielaspekt durch die sprachliche Formel »um zu ...« (↑) und den Mittelaspekt durch »indem ...« (↓).

Bemüh' dich, Leistungen zu bringen, *um* als Mensch akzeptiert zu werden.
Bemüh' dich um gute Leistungen, *indem* du acht Stunden am Schreibtisch arbeitest.

Im Gespräch sind Umschreibungen wie »Regel«, »Tendenz«, »Neigung«, »Programm«, »wiederkehrendes Muster« oder »so handeln, als ob damit der Plan X verfolgt würde« für den Klienten plausibel und gut annehmbar.

2.2.3 Erstellung einer Planstruktur

Folgende Fragen mit jeweils wechselnden Perspektiven sollen als Anregungen zur Erstellung einer Planstruktur dienen. Die Ergebnisse können dann in einer komplexeren Anordnung graphisch veranschaulicht werden.

1. Welchen übergeordneten Zielen dient das Verhalten X? Welchen Zielen dienen diese wiederum ihrerseits als Mittel?
2. Wie groß ist der Geltungsbereich eines Plans? Welche Verhaltensbereiche werden von ihm abgedeckt?
3. Auf welche konkrete Weise realisiert das Individuum für die Problematik relevante Ziele?
4. Läßt sich das konkrete Verhalten in verschiedenen Situationen auf einen gemeinsamen Plan zurückführen?
5. Inwiefern stellt das Verhalten einen Kompromiß zwischen verschiedenen Plänen dar? Wie schafft es die Person, verschiedene Pläne in einem Verhalten zu integrieren?
6. Durch welche Pläne wird gewünschtes, jedoch nicht gezeigtes Verhalten blockiert?
7. Welche Pläne stehen in Konflikt miteinander? Läßt sich ein dominanter Plan postulieren, der in Widerspruch zu einem oder

mehreren anderen Plänen steht und erwünschtes Verhalten in verschiedenen Bereichen blockiert?

Bei der graphischen Darstellung der Planstruktur sollte auf ökonomische und pragmatische Weise ein mittlerer Komplexitätsgrad gewählt werden.

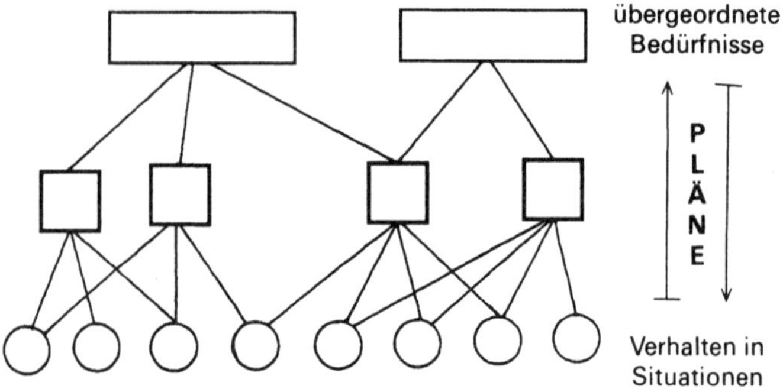

Abb. 11: Schema einer hierarchischen Planstruktur

Der einzelne Plan nimmt innerhalb einer solchen Planstruktur keinen festgeschriebenen Platz ein, hier geht es ausschließlich um die Beschreibung von Ziel-Mittel-Relationen, deren Menge und Abstraktionsgrad von der gewählten Perspektive des Betrachters abhängen.

2.2.4 Kriterien zur Beurteilung von Regeln und Plänen

Nun schließt sich die Überlegung an, welchen Beitrag die individuellen Regeln und Pläne zur Entstehung und Aufrechterhaltung des Problems leisten. Damit werden gleichzeitig mögliche Ansatzpunkte für den Veränderungsprozeß nahegelegt.

Pläne können nach folgenden Kriterien beurteilt werden:

(1) Bewußtheit und Transparenz: Sind Ziele und Strategien bewußt, nicht bewußt oder liegen möglicherweise andere als die angegebenen vor?

Frau M. hat an allen Freundinnen ihres inzwischen 36jährigen einzigen Sohnes etwas auszusetzen (Strategie), sie sind ihr alle nicht gut genug für ihn. Frau M. möchte ihren Sohn damit vor einer falschen Entscheidung bewahren – »Ich will ja nur dein Bestes (angegebenes Ziel), du wirst mir später noch dankbar sein!« –. Der Sohn hat inzwischen die Hoffnung auf eine zu ihm passende Partnerin fast aufgegeben und unternimmt kaum noch etwas, um Frauen kennenzulernen. Frau M. will im Grunde mit ihrem Verhalten verhindern, daß ihr Sohn eines Tages aus der gemeinsamen Wohnung auszieht (nicht bewußtes Ziel). – Unbestritten ist, daß ein solches Ziel auch bewußt sein kann.

(2) Rationalität: Ist eine Zielsetzung als rational und realistisch oder eher als irrational und unrealistisch zu bezeichnen? Enthält das Ziel allumfassende und absolut gesetzte Forderungen oder Ansprüche i. S. von »muß unbedingt«, »darf auf keinen Fall«? Dabei muß der gesamte Lebenszusammenhang des Klienten berücksichtigt werden.

Ein 35jähriger schüchterner Mann wartet seit Jahren darauf, daß ein 18jähriges schönes, intelligentes und unberührtes Supermädchcn von sich aus auf ihn zugeht und von da ab nur noch für ihn da ist.

(3) Widerspruchsfreiheit: Gibt es Widersprüche zwischen verschiedenen Plänen auf gleicher oder unterschiedlicher Ebene bzw. zwischen Plänen und Verhaltensweisen? Die Analyse von Regeln und Plänen wird häufig dadurch erschwert, daß das konkrete Handeln durch *mehrere Pläne* gesteuert wird. Widersprüche können auf jeder Ebene der Hierarchie und besonders zwischen bewußten und nicht-bewußten Zielen auftreten.
Hierbei zeigt sich, daß häufig erst bei der Konkretisierung von Plänen auf der Verhaltensebene der Konflikt deutlich und akut wird.

Übergeordnete Pläne: »Erziehe deine Kinder nach bestimmten Prinzipien, sie brauchen Orientierung und Leitung!« vs. »Respektiere deine Kinder als selbstbestimmte Wesen!«
Pläne auf mittlerer Ebene: »Setze alle Entscheidungen durch, die du für richtig hältst« vs. »Gehe auf die Bedürfnisse der Kinder ein!«
Auf der konkreten Verhaltensebene wird der Konflikt »wer bestimmt, wann die halbwüchsigen Kinder abends zu Hause sein müssen« durch uneindeutiges Verhalten der Eltern »gelöst«.

Problematisch kann es sein, wenn für Konfliktfälle *keine klare Rangordnung* der Pläne vorliegt. Die Rangordnung von Plänen hängt davon ab, mit welcher Wahrscheinlichkeit positive und negative Konsequenzen erwartet und wie diese bewertet werden.

Frau B. sitzt nach einem langen Winterspaziergang leicht fröstelnd im Restaurant und freut sich auf eine Tasse heißen Kaffee. Als sie ihren Kaffee endlich bekommt, stellt sie fest, daß er nur lauwarm ist.
Sie befindet sich in einem Dilemma: Soll sie den Ober rufen und ihr Recht auf gute Bedienung durchsetzen (Plan 1)? Dabei würde sie riskieren, daß alle Leute auf sie aufmerksam werden. Sie würde dann sicherlich auch noch erröten, was ihr sehr peinlich wäre und ihrem Plan 2 (»nicht auffallen!«) widersprechen würde. Wenn sie sich andererseits mit dem lauwarmen Kaffee abfände, würde ihr das ein weiteres Mal zeigen, was für eine unselbständige Person sie ist (Widerspruch zum übergeordneten Plan »selbstbewußt auftreten!«).

(4) Sinnvolle Ableitung: Stehen übergeordnete Pläne mit Plänen auf niedrigeren Ebenen in einem sinnvollen Zusammenhang? Probleme ergeben sich häufig dadurch, daß es sich bei den untergeordneten Plänen nicht um sinnvolle Ableitungen aus den übergeordneten handelt.

Frau P. möchte ihrem Mann eine gute Ehefrau sein (übergeordnetes Ziel). Deshalb sorgt sie dafür, daß sie bei seiner Heimkehr am Spätnachmittag schon sämtliche Hausarbeiten erledigt hat und das Essen bereitsteht (Mittel/Strategien), obwohl sie dadurch auf Aktivitäten, zu denen ihre Freundinnen sie häufig einladen, verzichten muß und deshalb immer unzufriedener wird.

(5) Effizienz: Sind die gewählten Strategien zur Erreichung der übergeordneten Ziele wirksam? Pläne können unter diesem Aspekt auf jeder hierarchischen Ebene beurteilt werden.

Herr B. hat das Ziel, an seinem neuen Wohnort die Nachbarn kennenzulernen. Seine Strategie zu warten, bis ihn jemand anspricht, hat bisher nicht zum Ziel geführt.

Sind die Strategien zur Erreichung eines Ziels nicht effizient, so sollte betrachtet werden, welche (unbeabsichtigten) *Effekte* kurz- und langfristiger Art sich aus dem gezeigten Verhalten ergeben, und wie sie vom Handelnden bewertet werden.

Ein junger Mann erreicht in einer Gruppe Gleichaltriger mit seinem forschen Auftreten eher Ablehnung (Effekt) als die von ihm angestrebte Anerkennung (Ziel).
Auch Herr K. möchte seiner Frau ein guter Ehemann sein (Ziel); er richtet sich deshalb in allem nach ihr und äußert nie eigene Wünsche (Strategie). Frau K. empfindet ihren Mann mit der Zeit als ausgesprochen langweilig

und fühlt sich in letzter Zeit mehr zu anderen Männern hingezogen (unbeabsichtigter Effekt), worüber ihr Mann ganz verzweifelt ist.

(6) Verhaltenskompetenz: Ist der Betreffende in der Lage, das zur Verwirklichung eines Ziels/Plans notwendige Verhalten zu zeigen, und was hindert ihn möglicherweise daran?

Herr B. (s. o.) weiß zwar, daß es erfolgversprechender wäre, von sich aus die Nachbarn anzusprechen. Da er aber befürchtet, dann so aufgeregt zu sein, daß er nicht mehr weiß, was er sagen soll, hat er sich bisher nicht dazu durchringen können.

2.3 Ebene der Systemregeln – *»Welche Spielzüge sind vorgeschrieben?«*

Die bisher betrachteten Pläne und Regeln einer Person werden maßgebend mitbestimmt durch die *Normen,* die das Individuum als Mitglied in verschiedenen gesellschaftlichen Systemen und Subsystemen für sich als verbindlich ansieht, und durch die *Rollen,* die es in den jeweiligen Systemen einnimmt.
Die Systemperspektive stellt eine erweiterte Betrachtungsmöglichkeit über das Individuum hinaus dar, in der sich die Größenordnung der analysierten Einheiten verändert. Die systembezogene Analyse soll einen Gesamteindruck des Problems im Kontext der wichtigsten Lebensbereiche des Klienten vermitteln und gleichzeitig die Funktion des Problems im Rahmen des jeweiligen sozialen Gefüges verdeutlichen. Durch diese Makroperspektive ist die Einbeziehung systemtheoretischer Konzepte, die sich vor allem in familien- und paartherapeutischen Ansätzen niedergeschlagen haben möglich (von Schlippe, 1984; Schiepek, 1986; Schiepek u. Kaimer, 1996).

2.3.1 Zur Charakterisierung von Systemregeln

Systemregeln stellen Vorschriften für das Zusammenleben innerhalb eines sozialen Systems und für das Verhalten der Mitglieder dar. Sie haben großen Einfluß auf die Entwicklung individueller Pläne und Verhaltensweisen. Dieselbe Systemregel kann bei verschiedenen Mitgliedern des Systems durchaus zu unterschiedlichen Plänen führen.

In der Familie N. herrscht die Systemregel: »Keiner darf Außenstehenden gegenüber etwas Negatives über ein anderes Mitglied äußern!« Frau N. leitet daraus für sich die Strategie ab, nur Positives über die Familienmitglieder zu sagen, während Herr N. die Strategie verfolgt, überhaupt nicht mit anderen über die Familie zu sprechen.

In sozialen Systemen kann es *explizite* und *implizite* Systemregeln geben.

Eine explizite, d. h. ausgesprochene Regel könnte sein: »Gegenüber Außenstehenden darf nie etwas Negatives über ein Familienmitglied geäußert werden«. Wohl eher unausgesprochen und damit implizit dürfte eine solche Regel sein: »In der Familie darf es niemals zu offenen Konflikten kommen!«

Systemregeln dürften in ihrer Mehrzahl zu den impliziten, nicht klar formulierten Setzungen zu rechnen sein. Verhaltensabweichungen einer Person sind nicht selten auf eine falsche Wahrnehmung oder auf eine zu rigide Befolgung impliziter Regeln zurückzuführen. Probleme entstehen besonders dann, wenn übergeordnete individuelle Bedürfnisse nicht im Einklang mit den normierenden Systemregeln stehen.

Ein motorisch sehr aktives Kind möchte sich auch während des Unterrichts gern frei bewegen. Nur wenige Lehrer halten dies nicht für eine Verhaltensstörung.

Die Zugehörigkeit zu unterschiedlichen Systemen verlangt vom Individuum, genau zu differenzieren, unter welchen Bedingungen welche Regeln gültig sind.

Ein 3jähriges Kind muß z. B. differenzieren lernen zwischen den Tischmanieren, die zu Hause, im Kindergarten und bei der Oma verlangt werden.

Besonders problematisch wird es, wenn sich die Systeme überschneiden oder der Geltungsbereich der Systemregeln nicht klar definiert oder nicht erkennbar ist.
Systemregeln müssen nicht *bewußt* sein und sind es auch in vielen Fällen nicht. Andererseits sind Familientherapeuten immer wieder erstaunt darüber, wie klar gerade Kinder solche Systemregeln erkennen und teilweise auch formulieren können (s. dazu die Literatur zur Familientherapie besonders auf kommunikationstheoretischer Basis: Minuchin, 1977; Selvini-Palazzoli et al., 1977; Bandler et al., 1978; v. Schlippe, 1984).

2.3.2 Zur Erhebung von Systemregeln

Die Erhebung und Analyse von Systemregeln kann in unterschiedlicher Intensität und Ausführlichkeit erfolgen. Ihre Komplexität sollte unter pragmatischen Gesichtspunkten begrenzt werden.
Auch wenn die erhobenen Systemregeln häufig spekulativ bleiben müssen, ergeben sich daraus recht brauchbare Hypothesen für das Verständnis von Problemen in ihren interpersonellen Bezügen.

In einem ersten Schritt können Systemregeln über das Verhalten (V-i-S) oder die Regeln und Pläne verschiedener Systemmitglieder erschlossen werden, sollten dann aber Gegenstand gemeinsamer Analysen im Rahmen des therapeutischen Prozesses sein. Dabei muß berücksichtigt werden, daß ein Individuum nicht nur in einem, sondern gleichzeitig in *mehreren Systemen* lebt (Familie, Schule, Arbeitsstelle, Freizeitgruppe usw.). Darüber hinaus gibt es schon in einer Familie wieder mehrere Subsysteme (Eltern-Kinder; weibliche - männliche Familienmitglieder; ältere - jüngere Kinder usw.). Auch Therapeut und Klient bilden ein Subsystem.

In diesem Teil der Problemanalyse sind folgende Aspekte von Bedeutung (vgl. Kanfer et al., 1996):

a) Systemstruktur:

Welche typischen wiederkehrenden Bedingungen und Beziehungsmuster im sozialen Umfeld des Klienten sind für die Problematik von Bedeutung?
Die funktionale Analyse der Systemstruktur wird analog zur Plananalyse wiederum in zwei Richtungen weitergeführt:
- Problemstabilisierung durch das System: Welche expliziten und impliziten Regeln bzw. Sanktionen sind funktional für Konstitution und Stabilisierung der Probleme? (↓)
- Systemstabilisierung durch das Problem: Welchen Stellenwert hat das Problem für den Bestand und das Funktionieren des Systems? Welche Bedeutung (nützlich/schädlich) hat es für die einzelnen Mitglieder? (↑)

b) Systemdynamik:

Welche problemrelevanten Entwicklungen bzw. Entwicklungstrends sind erkennbar? Welche Schwellenwerte und Grenzen gibt es für Veränderung?
Eine Analyse der Systemregeln schließt also auch Überlegungen zu *Veränderungsmöglichkeiten* in einem oder mehreren Systemen ein. Außerdem können schon hier Hypothesen erstellt werden, welche Auswirkungen bestimmte Interventionen vermutlich haben werden.
Die Beurteilung von Systemregeln kann nach ähnlichen Kriterien erfolgen wie die Beurteilung der Pläne (s. Kap.2.2.4), nämlich: Bewußtheit und Transparenz, Rationalität, Widerspruchsfreiheit, Sinnhaftigkeit der Ableitung, Effizienz.

2.4 Entstehung und Ausformung des Problems – *»Ein Blick zurück«*

In der Analyse der Genese geht es – vereinfacht ausgedrückt – um die Frage, wie sich »ausgerechnet dieses Problem« bzw. die spezifischen Defizite in den Problemlösefähigkeiten für diesen identifizierten Klienten bzw. seine Bezugspersonen zur jetzigen Form entwickeln konnte. Aus den Ergebnissen können weitere Schlußfolgerungen für die Erklärung der aktuellen Problemlage und für mögliche Veränderungsziele und -strategien gezogen werden.
Die Beschäftigung mit der Genese erleichtert dem Klienten das Verständnis und die Toleranz für die eigene Problemgeschichte, führt oft zu einer Entlastung von diffusen Schuldgefühlen und motiviert ihn, in realistischer Weise die Verantwortlichkeit für den Veränderungsprozeß mitzuübernehmen.

2.4.1 Informationen zur Entwicklung des Problems

a) Biographische Daten

Für die bessere Übersicht und zur angemessenen Bearbeitung der Bedeutung mancher Ereignisse für die Entwicklung des Klienten und seiner Probleme empfiehlt es sich in vielen Fällen, biographische Daten und Rahmenbedingungen in einer Zeittafel zu ordnen.

Katrin, 15jährige Schülerin mit Kontaktproblemen

Alter	Jahr	Lebensdaten
0–4	10. 5. 84	geb. in H. (Vater 38 J., Mutter 34 J.): beide berufstätig; Katrin wird in den ersten 4 Lebensjahren hauptsächlich von der Großmutter betreut, die kaum Kontakt zu Gleichaltrigen zuläßt.
4–6	Ostern 88 -Sommer 90	Besuch des Kindergartens in H.; häufig krank, verhält sich überwiegend still und zurückgezogen
5	Juni 89	Geburt des Bruders; Mutter gibt den Beruf auf
6	Herbst 90	Einschulung, findet zum ersten Mal eine Freundin
7	Sommer 91	Umzug der Eltern nach K., dort Eintritt ins 2. Schuljahr, Außenseiterrolle in der Klasse, verstärkt durch
8	Herbst 92	Mandeloperation, 2 Wochen Krankenhaus
10	Herbst 94	Wechsel auf die Realschule in G., Kontakt zu 2 Mitschülerinnen

12	Frühjahr 96	Umzug der Eltern nach L. (berufliche Veränderung des Vaters), dort Eintritt in Kl. 6 der Realschule im laufenden Schuljahr; Fahrschülerin; Katrin vermißt ihre Freundin aus G. anfangs sehr; braucht fast $^1/_2$ Jahr, um sich in der Klasse etwas wohler zu fühlen
13	Herbst 97	Wiederholung der Klasse 6, wiederum Außenseiterin

b) Erstes Auftreten bzw. Beginn des Problems

Zunächst stellt sich die Frage, seit wann das Problem besteht. Häufig ist das erste Auftreten eines Problems nicht eindeutig auszumachen. Dann sollte die Betrachtung entsprechend der Erinnerung des Klienten an früheste, besonders typische Ereignisse der Vergangenheit anschließen, die allerdings einen deutlichen Bezug zur aktuellen Problematik aufweisen sollen.

Eine Klientin mit Angst vor überfüllten Räumen und Menschenmengen berichtet von einem Kreislaufzusammenbruch verbunden mit Todesängsten vor 5 Jahren in einem überfüllten Bus. Daß sie als Kind vorübergehend in der Dunkelheit Angst vor Einbrechern und Gespenstern gehabt hat, dürfte in diesem Zusammenhang von untergeordneter Bedeutung sein.

Schwieriger ist die Entscheidung für einen Zeitpunkt, wenn es um die Analyse von Defiziten geht; hier sollte ein problembezogener Ausgangspunkt gewählt werden:

Ein 25jähriger Klient hat Schwierigkeiten, eine Partnerin zu finden; er fühlt sich in der Gegenwart von Frauen unsicher und unbeholfen und vermeidet Gelegenheiten, in denen es zu intensiveren Kontakten kommen könnte. Hier wäre u. a. nach Situationen in der Vergangenheit zu fragen, in denen er erstmals Frauen gegenüber mit ähnlichen Gefühlen oder mit Vermeidungsverhalten reagierte, und auch nach seiner sozialen und psychosexuellen Entwicklung in der hier möglicherweise »kritischen Phase« der Pubertät.

Sobald ein sinnvoller Ausgangspunkt gefunden ist, kann genauer besprochen werden, wie das Problem anfangs aussah und *unter welchen Umständen* es auftrat. Dabei interessieren dieselben Aspekte wie in der aktuellen Bedingungsanalyse. Außerdem interessiert, wie die damaligen Beteiligten mit dem Problem umgingen, welche Bewertungen und Zuschreibungen sie vornahmen und welche Bewältigungsversuche sie unternahmen.

c) Weiterentwicklung des Problems

Es kann nun weiter gefragt werden, wie sich das Problem in der Folgezeit zu seiner jetzigen Form verändert hat, oder - wenn keine wesentlichen Veränderungen erkennbar sind - welche Konsequenzen sein Weiterbestehen über einen kurzen oder längeren Zeitraum hatte und hat.

- Welche Verbesserungen/Verschlechterungen haben sich in der Folgezeit hinsichtlich des Problems ergeben?
- Unter welchen Umständen und Voraussetzungen fanden sie statt?
- Welche Reaktionen erfolgten bei den Beteiligten (Erklärungen, Bewertungen, Bewältigungsversuche, Motivationsveränderung)?

2.4.2 Auswertung der Informationen zur Genese

Im nächsten Schritt sollen die Informationen zur Genese ausgewertet und Erklärungen für die Entstehung des Problems abgeleitet werden. Auf der Basis entwicklungspsychologischen und klinischen Störungswissens können nun *Hypothesen* zum funktionalen Bedingungsmodell für das erste Auftreten des Problems formuliert werden.
Für die Analyse der Entwicklung von Problemen hat Hoffmann (1978) einen interessanten Ansatz vorgeschlagen. Häufig erscheint ein Problem gewissermaßen nur als Zuspitzung einer schon länger bestehenden problematischen Situation. Es kann so schon zu einem frühen Zeitpunkt seinerseits wiederum als *Folge fehlgeschlagener Lösungsversuche* aufgefaßt werden. An einem ausführlichen Beispiel von Hoffmann (1978, S. 145f.) wird verdeutlicht, wie es auf diese Weise im Lauf der Zeit zu einer Anhäufung von Problemen und zu einer immer stärkeren Verschärfung der Situation für den Klienten kommen kann:

»Frau X. stand von früher Kindheit an unter einem starken Leistungsdruck und sollte zudem als einziges Kind den sozialen Ehrgeiz des Vaters erfüllen. Sie sollte immer intelligenter, schöner, sozial gewandter sein, als sie sich gerade zeigte. Anfangs paßte sie sich diesen Forderungen an.

1. *Problem:* Überforderung durch den Vater.
   Strategie: Anpassen (z. B. Reiten und Tennis mit Widerwillen, Abitur unter starken Ängsten, Aufnahme eines unerwünschten Studiums).
   Effekte: Kurzfristig positiv: Anerkennung und Zuwendung; langfristig

negativ: Fortsetzung der Überforderung, Mangeltraining in Aktivität und Selbständigkeit.

2. *Problem:* Mangeltraining im Durchsetzen eigener Bedürfnisse.
   Strategie: Wird krank (Kopfschmerzen und Schwindelanfälle).
   Effekte: Studium wird abgebrochen, kehrt ins Elternhaus zurück. Kurzfristig positiv: reduziert den Druck; langfristig negativ: erlernt keine Techniken der Selbstversorgung, lebt immer mit dem überfordernden Vater zusammen, wird in allen Außenkontakten kontrolliert, lernt keine Fertigkeiten in Selbstsicherheit und Selbstbehauptung.
3. *Problem:* Verfügt im Alter von 40 Jahren über keinerlei Fertigkeiten zur Selbständigkeit, muß sich aber aufgrund des Todes des Vaters selbst versorgen.
   Strategie: Anpassung an den Arbeitgeber.
   Effekte: Kurzfristig positiv: bekommt gelegentlich ein Lob dafür; langfristig negativ: überarbeitet, kann dadurch mangelnde Fertigkeiten nicht nachholen, hat keinerlei Freizeitkontakte, die als Modelle für fehlende Fertigkeiten genutzt werden können.
4. *Problem:* Einsamkeitsängste, fühlt sich zunehmend sozial isoliert.
   Strategie: Noch mehr Arbeit.
   Effekte: Kurzfristig positiv: bekommt Lob; langfristig negativ: Fertigkeiten können weiterhin nicht trainiert werden, der Verhaltensspielraum engt sich weiterhin ein, die Klientin fühlt sich immer einsamer und ängstlicher.« – Zitatende

Die Analyse von »Vorläuferproblemen« aus der Vergangenheit sollte ökonomisch bleiben und nur solche Probleme einbeziehen, die nicht nur für die Entstehung, sondern auch für die *Aufrechterhaltung* und damit für die *Veränderung der jetzigen Problemlage* relevant sind.
In enger Verbindung mit den zuletzt angestellten Überlegungen sollte auch die Qualität der Problemlösestrategien bewertet werden, die von den Beteiligten zur Bewältigung des Problems eingesetzt wurden. Diese Versuche sind unter der Fragestellung zu beurteilen, warum sie damals nicht zu einer umfassenden und befriedigenden Lösung geführt haben:

- *Problemanalyse:* Wie genau wurde das Problem damals gesehen? Wurde es in seinem ganzen Umfang erkannt?
- *Zielanalyse:* Welche Vorstellungen waren damals für den Klienten leitend? Bestanden Einengungen für die Entwicklung neuer Ziele und Perspektiven, die eine Problemlösung erleichtert hätten?
- *Strategiewahl:* Verfügt der Klient über effektive Lösungsstrategien? Wurden kurz- und längerfristige Konsequenzen gegenein-

ander abgewogen, eventuell langfristige negative Konsequenzen nicht beachtet?

- *Effekte der versuchten Lösung:* Wie erfolgreich waren die eingesetzten Strategien? Gab es unbeabsichtigte, nicht vorhergesehene Folgen?

Das angestrebte Ziel ist hier, die Entwicklung der inneren Bedingungen und Dispositionen, die das Problemlösen heute behindern, wie etwa fehlerhafte Attribuierungsprozesse, eingeschränkte soziale Wahrnehmung, ungünstiges Selbstkonzept, frühzeitig in der Analyse zu berücksichtigen. Gleichrangig sollten auch erfolgversprechende Ansätze und Kompetenzen in die Beurteilung mit einbezogen werden.

2.5 Diagnostische Hinweise aus der Therapeut-Klient-Beziehung – *»Was im Alltag passiert, kann auch hier von Bedeutung sein ...«*

Die Therapeut-Klient-Beziehung als bedeutsame Einflußgröße hat in der Problembearbeitung einen eigenen Stellenwert (Zimmer, 1983). Neben den Aussagen des Klienten kann auch sein Interaktionsverhalten in der therapeutischen Situation selbst Hinweise für die Analyse der Problemlage bieten. Hier geht die Grundannahme des interaktionellen Ansatzes (vgl. Grawe, 1978) ein, daß das Verhalten des Klienten auch in der Therapiesituation typische Merkmale aufweist (vgl. Kap. 2.2.2).
Abhängig von der »Interpunktion« kann entweder das Verhalten des Therapeuten als steuernd für das Verhalten des Klienten oder das Verhalten des Klienten umgekehrt als steuernd für das Verhalten des Therapeuten betrachtet werden.

a) Wir schlagen vor, zunächst zu überlegen, welche *Funktionen* die Therapiekontakte bis zu diesem Zeitpunkt hatten, z. B. diagnostische Funktion, Beziehungsaufbau, Motivationsänderung. Dies ist wichtig, um beurteilen zu können, ob die therapeutische Situation überhaupt problemrelevantes Verhalten des Klienten oder seiner Bezugspersonen hervorrufen konnte.

In den ersten beiden Kontakten mit Herrn A. war es zunächst notwendig, den organisatorisch-formalen Rahmen für die Behandlung abzustecken und seine Vorstellungen (er erwartete eine medikamentöse Therapie) abzuklären. In dieser Phase fiel die Unfähigkeit des Klienten, Entscheidungen in Handlungen umzusetzen, noch nicht auf.

b) Zeigt der Klient (oder seine Bezugspersonen) in der Interaktion mit dem Therapeuten Verhalten, das für das vorgestellte Problem von Bedeutung ist *(problemrelevantes Verhalten)*? Mittels einer teilnehmenden Beobachtung kann der Therapeut zu den verbalen Berichten der Betroffenen ergänzende, auch differenziertere Informationen sammeln.

c) Zeigt das (Interaktions-)Verhalten des Klienten oder seiner Bezugspersonen *zusätzliche Auffälligkeiten*, die bisher nicht zur Sprache gekommen sind? Hier kann es sich entweder handeln um ein Problem, das der Klient (z. B. aus Angst) bisher noch nicht zur Sprache gebracht hat, oder um ein Problem, das dem Klienten nicht bewußt ist.

- Ein Klient wird häufig rot.
- Ein Klient äußert häufig Mißerfolgserwartungen.
- Ein Klient spricht undeutlich, leise und zu schnell.

d) Hat der Therapeut sich unbemerkt in die *problemrelevanten Interaktionsmuster* des Klienten hineinziehen lassen? Für die Beantwortung dieser Frage sind vor allem Gespräche mit Kollegen, evtl. einem Supervisor oder Co-Therapeuten hilfreich.
Ein solches »Hineinziehen« in problemrelevante Interaktionsmuster tritt um so häufiger auf – und ist um so schwieriger zu durchschauen – je mehr Personen in der Therapie sind, z. B. bei Paaren, Gruppen und Familien. Besonders bei Familien kann es allerdings auch indiziert sein, sich gezielt in das System hineinzubegeben, um Veränderungen initiieren zu können.

- Der Therapeut gibt dem Zwangspatienten Versicherungen.
- Er übernimmt Entscheidungen für den Klienten, die dieser selbst treffen sollte.
- Er läßt sich von der depressiven Stimmung eines Klienten »mitziehen«.
- Immer, wenn es um sexuelle Probleme geht, weicht der Klient aus und berichtet sehr global; auch der Therapeut fragt nicht konkreter nach und wechselt ziemlich schnell das Thema.

e) Abschließend werden erste Überlegungen getroffen, ob und welche *Veränderungen der Therapeut-Klient-Interaktion* aufgrund der vorangegangenen Analyse notwendig sind.

- Der Therapeut sollte Mißerfolgserwartungen des Klienten ansprechen.
- Er sollte Suizidgedanken des Klienten verbalisieren und akzeptieren.
- Er sollte auf das Bestätigungsbedürfnis des Klienten nicht mehr eingehen.

Wichtig erscheint uns, daß geplante plötzliche Veränderungen im Therapeutenverhalten dem Klienten oder seinen Bezugspersonen weitgehend transparent gemacht und begründet werden.

2.6 Schlußfolgerungen aus der bisherigen Analyse für Diagnose, Zielanalyse und Veränderungsplanung – *»Bilanz ziehen, bevor es weitergeht«*

In den vorhergehenden Abschnitten ging es um die Analyse eines ausgewählten Problems auf verschiedenen Ebenen. An dieser Stelle sollen nun die bisher herausgearbeiteten Informationen und Hypothesen zusammengefaßt und ausgewertet werden. Die Bearbeitung hat das Ziel, die eingangs gestellte Diagnose zu überprüfen, eine Entscheidung für ein vorläufiges Erklärungsmodell der ausgewählten Problematik in einer Zusammenschau mit den übrigen Problemen zu treffen und hieraus prinzipielle Ansatzpunkte für eine Veränderung abzuleiten. Dies dient als Grundlage für die Weiterarbeit und soll unter Berücksichtigung von Veränderungsvoraussetzungen und -wünschen sowie der Therapeut-Klient-Beziehung in die Zielbestimmung münden; dies stellt die Grundlage für die Therapieplanung dar *(s. Abb. 12)*.

2.6.1 Gewichtung der bisherigen Hypothesen

Hier werden die wichtigsten Hypothesen und Ansatzpunkte aus der bisherigen Problemanalyse zusammenfassend bewertet.

a) Es werden zunächst *Schlußfolgerungen aus der Analyse der aktuellen Problemlage* gezogen:

- Liegt das Problem tatsächlich beim identifizierten Klienten?
- Wo liegt das Problem sonst (noch): bei einer oder mehreren Bezugspersonen (deren Verhalten, Erwartungen, Pläne usw.) oder in der äußeren Situation (z. B. gesellschaftliche Rahmenbedingungen, materielle oder institutionelle Beschränkungen)?

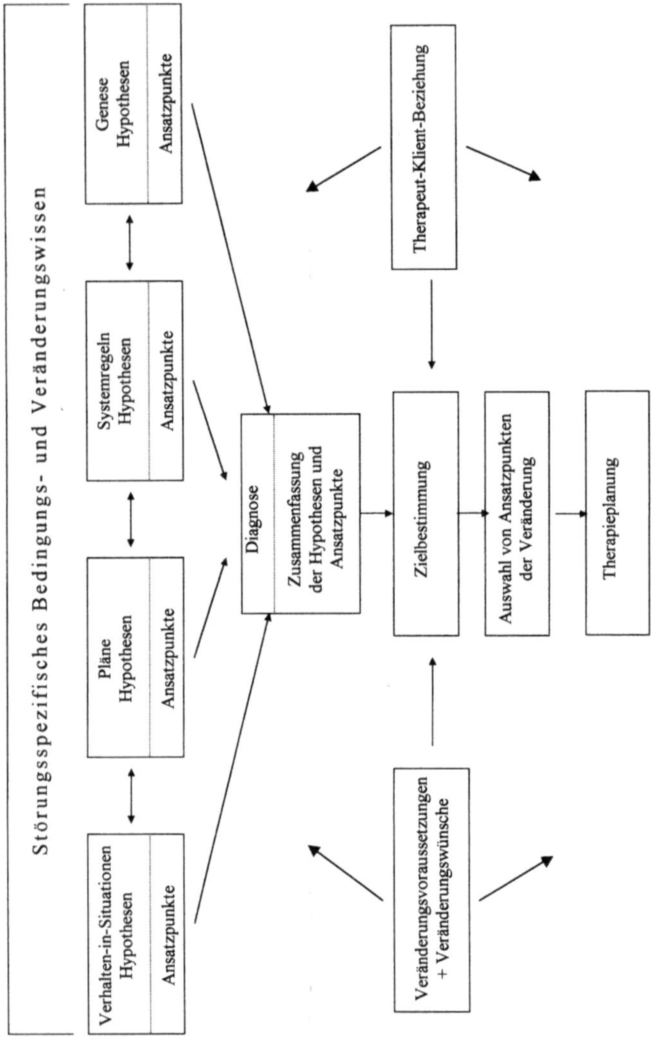

Abb. 12: Zusammenfassung der Hypothesen und Ansatzpunkte im Problemlöseprozeß

- Gibt es einen Schwerpunkt des Problems (Situation, Wahrnehmungsprozeß, innere Verarbeitung, Handeln/Erleben, Konsequenzen)?
- Welche Ebene des Problems ist hauptsächlich von Bedeutung (Verhalten-in-Situationen, Regeln und Pläne, Systemregeln)?
- Welche Auswirkungen und Zusammenhänge ergeben sich zwischen den Ebenen bei den verschiedenen Beteiligten?

b) Um *Schlußfolgerungen aus der Analyse der Genese* ziehen zu können, ist die Klärung folgender Fragen empfehlenswert:

- Welche Hypothesen, die im Verlauf der Genese-Erhebung aufgestellt wurden, sollen endgültig zur Erklärung der Entstehung und Ausformung des Problems herangezogen werden?
- Welche Bedeutung messen Klient und Therapeut der Entwicklung bei? Wie groß ist das Ausmaß der vermuteten Determination durch die Vergangenheit? Besteht starkes oder geringes Interesse an der Klärung vergangener Ereignisse?
- Lassen sich aus der Beantwortung dieser Fragen bereits Konsequenzen für die Zielanalyse und Veränderungsplanung ableiten?

c) Weiter ist darauf zu achten, ob der Klient vielleicht *typische Verhaltensweisen im Umgang mit Problemen überhaupt* zeigt, die auf Defizite in seinen Problemlösefähigkeiten schließen lassen. Im wesentlichen kann man hier wieder alle Phasen betrachten, denen auch unser Leitfaden folgt:

- Wie intensiv befaßt sich der Klient mit den Teilschritten des Problemlösens?
- Welche bevorzugt, welche vernachlässigt er?
- In welchen Teilphasen zeigt er Stärken, in welchen Schwächen?
- Neigt er dazu, sich sehr lange und ausführlich mit allen möglichen Aspekten seiner Probleme zu befassen und diese in immer wieder neue Zusammenhänge zu stellen, bevor er an Lösungen denkt? Oder findet er sehr schnell praktische Lösungen, probiert diese aus und scheitert vielleicht häufig daran, daß er sich für die Analyse der Zusammenhänge bzw. für die Zielklärung nicht genügend Zeit läßt?

2.6.2 Positive Seiten und Ansätze zur Problemlösung

Es erscheint uns unbedingt wichtig, den Klienten und andere Betroffene nicht nur im Hinblick auf das Problem und dabei wie-

derum nicht nur im Hinblick auf die Einschränkungen und Defizite zu betrachten. Vielmehr ist bei allen Beteiligten eine möglichst vollständige Wahrnehmung anzustreben, in der auch Kompetenzen und positive Seiten sowie problemfreie Lebensbereiche des Klienten berücksichtigt werden. Das Bemühen, eine Störung als – zwar mißlungenen, aber immerhin nicht völlig sinnlosen – Problemlösungsversuch zu begreifen, kann ebenfalls ein Beitrag dazu sein. Leider schränkt sich der Horizont bei allen Beteiligten während der Entwicklung eines Problems und nicht zuletzt auch bei der Beschäftigung damit im diagnostisch-therapeutischen Prozeß häufig ein. Die Wahrnehmung der positiven Anteile sowie das Aufgreifen früherer und gegenwärtiger aktiver Lösungsversuche in diesem Kontext kann manchmal schon als erster therapeutischer Schritt wirksam sein; in jedem Fall empfiehlt es sich, hier nach Ansatzpunkten für eine Veränderung zu suchen.
Interessante Anregungen zum frühzeitigen Fokussieren auf bereits vorhandene Lösungen mit dem Ziel ihrer systematischen Ausweitung finden sich im »Lösungsorientierten Therapieansatz« von de Shazer (1993) und Michalak u. Vielhaber (1996).

2.6.3 Gesamtbetrachtung der Probleme und ihrer Zusammenhänge

Falls erst ein einziges, anfangs bewußt aus mehreren ausgewähltes Problem analysiert wurde, können Aussagen über mögliche Zusammenhänge mit anderen Problemen hier nur vorläufigen Charakter haben. Nach einem *Rückblick auf die Informationen* zur Problemstellung muß an dieser Stelle entschieden werden, ob man für das ausgewählte Problem jetzt ein Resümee ziehen und in den Veränderungsprozeß eintreten will oder ob zunächst eventuell zusätzlich vorliegende Probleme bis hierher analysiert werden sollen.
Die Entscheidung dafür, erst alle vorhandenen Probleme ausführlich durchzuarbeiten, bietet den Vorteil, daß die Indikationsstellung u. U. abgesicherter und ökonomischer erfolgt. Dagegen spricht allerdings, daß die diagnostische Phase sich über Gebühr in die Länge zieht. Die Suche nach Lösungen und praktische Erfahrung mit ersten Veränderungsschritten, welche oft noch neue und wichtige Aspekte zum Problemverständnis beitragen, bleiben zu lange im Hintergrund.

In einer vergleichenden *Betrachtung aller Probleme* sind folgende Fragen hilfreich:

- Gibt es zwischen den verschiedenen Problemen, wie sie sich zum jetzigen Zeitpunkt voneinander abgrenzen lassen, genetische bzw. aktuelle Zusammenhänge?
- Welcher Art sind die Zusammenhänge?
- Entstehung zur gleichen Zeit oder unter vergleichbaren Bedingungen? Ähnlichkeiten in der weiteren Ausformung?
- Ist ein Problem Voraussetzung für die Entstehung des anderen?
- Gemeinsame Oberpläne?
- Ableitung aus einer übergeordneten Systemregel?
- Sind mehrere Probleme auf die gleichen ungünstigen Problemlösestrategien zurückzuführen?

Vor dem Übergang in die Veränderungsplanung ist es notwendig, daß der Therapeut sich Rechenschaft darüber gibt, wie viele Ergebnisse innerhalb der bisherigen Prozeßabschnitte bereits mit dem Klienten besprochen worden sind und welche noch einer Vermittlung an den Klienten bedürfen, so daß dieser den Stand im Prozeß erkennen und die entsprechend abgeleiteten Therapieschritte als plausibel nachvollziehen kann.

Aufgaben für den Therapeuten in Phase 2:

- Entwickeln Sie ein funktionales Bedingungsmodell für die von Ihnen als erste ausgewählte Problematik. Identifizieren und kennzeichnen Sie die Ihrer Meinung nach verhaltenssteuernden Bedingungen.
- Analysieren Sie in gleicher Weise Situationsbeispiele für positive Ausnahmen im selben Problembereich.
- Klären Sie den Einfluß von Regeln, Plänen und Systemregeln für die Aufrechterhaltung der Problematik: Welches sind die wichtigsten Ziele und Motive des Klienten, und mit welchen Mitteln versucht er, diese zu erreichen?
- Welche Erklärungshypothesen für die Entstehung und Aufrechterhaltung des (Teil-)Problems erscheinen Ihnen plausibel?
- Ordnen Sie die ausgewählte Problematik nach einem anerkannten Diagnosesystem (DSM bzw. ICD) ein.
- Welche Zusatzinformationen müssen Sie evtl. noch erheben, um eine differenzierte Diagnose stellen zu können?
- Berücksichtigen Sie Zusammenhänge zwischen dem ausgewählten und den anderen genannten Problemen für eine umfassende Diagnosestellung.

Mögliche Fragen an den Klienten in Phase 2:

- Wie sieht Ihr Problem bei genauer Betrachtung aus?
- Was ist typisch für die Situationen, in denen Ihr Problem ». . . .« auftritt?
- Was ist typisch für die Situationen, in denen Ihr Problem ». . . .« nicht auftritt, bzw. in denen es Ihnen möglich ist, sich anders zu verhalten?
- Was glauben Sie, wie Ihr Problem ». . . .« entstanden ist?
- Was sollte Ihr Therapeut noch an Informationen bekommen, damit er das Problem besser versteht?

3. Zielanalyse – *»Auf den ersten Blick scheint uns das Ziel oft klar ...«*

Ging es in der Phase der Problemstellung um eine erste vorläufige Erfassung der *Ist-Soll-Diskrepanzen* und in der Problemanalyse um die nähere Betrachtung des *Ist-Zustandes* und der bisherigen Lösungsstrategien, so steht nun in der Zielanalyse die Differenzierung des angestrebten *Soll-Zustandes* und seiner Voraussetzungen im Zentrum der Aufmerksamkeit. Die in den Prozeß bereits implizit eingegangenen Zielvorstellungen der Beteiligten werden nun expliziert. Die Entscheidung, welche Ziele im weiteren Therapieverlauf verfolgt werden sollen, wird ebenso wie die Entscheidung für die Mittel zur Zielerreichung zum einen durch die Problemlage bestimmt. Zum anderen hängt sie von den Rahmenbedingungen ab, die einerseits für den Klienten und sein soziales Bezugssystem und andererseits für den Therapeuten bzw. die Institution, in der er arbeitet, bestehen (vgl. u. a. Sommer u. Ernst, 1977). Besonderes Augenmerk gilt hierbei der Veränderungsmotivation des Klienten und evtl. beteiligter Bezugspersonen, ihren materiellen und sonstigen sozialen Lebensumständen sowie den Charakteristika der Therapeut-Klient-Beziehung.

3.1 Veränderungsvoraussetzungen – *»Was kann und will jeder einsetzen?«*

Zur Planung einer Veränderung ist es wichtig zu wissen, wie der Klient und seine Bezugspartner das Problem *sehen* und *bewerten* und wie stark die *Motivation* aller Beteiligten zur Veränderung ist.

Von besonderer Bedeutung scheint uns hier auch zu sein, den Stellenwert des Problems im Gesamtkontext seines Alltags richtig einzuschätzen. Als Therapeuten neigen wir allzu oft dazu, den Klienten ausschließlich unter dem Blickwinkel seiner Probleme zu sehen und seine positiven Seiten und unproblematischen Lebensbereiche zu vernachlässigen. Durch eine stärkere Einbeziehung auch dieser Aspekte zu einem möglichst frühen Zeitpunkt können Selbstvertrauen und Zuversicht bzgl. einer positiven Veränderung beim Klienten und seinen Bezugspartnern gestärkt werden (vgl. auch Hoffmann, 1978; de Shazer, 1993). Der Klient wird als aktiver Problemlöser gesehen, wenn er auch zum Teil ineffiziente Strategien anwenden mag.

3.1.1 Bewertung des derzeitigen Zustandes

Zunächst geht es darum, zu einer möglichst umfassenden Einschätzung des derzeitigen Zustandes zu kommen und zwar unter Berücksichtigung der Sichtweise aller am Prozeß Beteiligten - also des Klienten, seiner Bezugspartner und des Therapeuten - zu den im folgenden aufgeführten Fragen:

- Wie *schwerwiegend* erleben die einzelnen Beteiligten das Problem zur Zeit (vgl. Einschätzung aus der Eingangsphase, Kap. 1.2.3)?
- Welche *Einschränkungen* ergeben sich aus dem Problem für den Freiheitsspielraum des Klienten bzw. seiner Bezugspartner (negative Auswirkungen)?
- Welche *Vorteile* bringt das Problem für den Klienten bzw. seine Bezugspartner mit sich (positive Auswirkungen, »Krankheitsgewinn«)?
- Welche Lebensbereiche werden als zufriedenstellend erlebt und können als *Ressourcen* genutzt werden?
- Auf welche erfolgreichen *Problemlösefähigkeiten* der Beteiligten kann zurückgegriffen werden?

In einem gemeinsamen Gespräch können die Sichtweisen aller Beteiligten auf Ähnlichkeiten und Unterschiede hin betrachtet werden. Falls sich Differenzen ergeben, muß überlegt werden, ob es nötig ist, diese aufzuheben, und ob Strategien dafür zur Verfügung stehen. Entsprechend ist dann eine Phase der Klärung einzuschalten.

3.1.2 Motivationen und Erwartungen bezüglich des Veränderungsprozesses

In einem zweiten Schritt ist gemeinsam zu prüfen, wie die einzelnen Beteiligten sich eine Veränderung vorstellen und welchen Anteil sie bereit sind, hier selbst einzubringen.

- Gibt es überhaupt einen ernsthaften Veränderungswunsch auf seiten eines wesentlich Betroffenen, oder besteht z. B. lediglich das Klärungsbedürfnis, den Problemzusammenhang besser zu verstehen?
- Wie stark ist der Veränderungswunsch?
- Welche Erwartungen bestehen hinsichtlich der Veränderungsmöglichkeiten, -fähigkeiten und -resultate?

- Wie groß ist die Bereitschaft zum persönlichen Einsatz? Welche Rolle erwarten die Beteiligten für sich (Aktivität, Passivität, Anstrengungsbereitschaft)?
- Welche Erwartungen bestehen an die Form der Therapie und an die Art der therapeutischen Interaktion? Welche Vorinformationen sind vorhanden?
- Welche Vorstellungen gibt es bezüglich der Zeitperspektive?
- Welchen Einfluß haben gegebenenfalls frühere Therapieversuche auf die Motivationslage und auf die geplante Veränderung?

Im anschließenden Gespräch sollen wieder Unterschiede und Gemeinsamkeiten betrachtet werden. Der Therapeut sollte dabei seine Einschätzung von der Motivation und von den Erwartungen der Beteiligten einbringen und gegebenenfalls zur Diskussion stellen. Auch er selbst muß sich über seine eigene Motivationslage und Einsatzbereitschaft diesem Klienten und seinen Problemen gegenüber Klarheit verschaffen. Falls die Standpunkte so unterschiedlich sind, daß eine weitere gemeinsame Arbeit unmöglich erscheint, sollte ernsthaft überlegt werden, ob möglicherweise eine andere Therapieform angebracht ist und von daher eine Überweisung zu einem anderen Therapeuten ins Auge zu fassen ist.

3.1.3 Fördernde und hemmende Faktoren der sozialen und materiellen Umwelt

Über die bisher geleistete Analyse der Veränderungsvoraussetzungen hinaus sollte an dieser Stelle überprüft werden, welche sozialen und materiellen *Bedingungen in der Umwelt des Klienten* den Veränderungsprozeß fördern und welche ihn hemmen oder gar verhindern könnten. Die zuvor gesammelten Informationen werden unter dieser speziellen Fragestellung nun noch einmal durchgesehen. Besonders zu berücksichtigen sind dabei die Kapitel 1.1 und 2.3.

Fördernde Faktoren sollten unter dem Gesichtspunkt betrachtet werden, ob sie gezielt im Veränderungsprozeß berücksichtigt und eingesetzt werden können.

Das Ehepaar D. kommt zur Beratung, weil es sich häufig streitet. Thema eines solchen Streites ist sehr oft, daß Frau D. ihrem Mann vorwirft, er kümmere sich in seiner knapp bemessenen Freizeit hauptsächlich um seine Eltern und vernachlässige sie. Das Paar lebt im ausgebauten Dachgeschoß des elterlichen Einfamilienhauses. In zwei Monaten werden sie dort ausziehen, da Herr D. in einer nicht weit entfernten Stadt eine neue Arbeitsstelle angenommen hat. Dieser Umzug könnte dazu führen, daß Herr D. dann mehr Zeit für seine Frau hat, da seine Eltern ihre Ansprüche nun nicht mehr so unmittelbar an ihn herantragen können.

Hemmende Faktoren für den Veränderungsprozeß sollten gezielt daraufhin untersucht werden, ob sich eine Möglichkeit ihrer Ausschaltung oder Abschwächung anbietet.

Herr F. hat vor einem Jahr sein Studium in einer entfernten Universitätsstadt begonnen. Er wohnt in einem 10 km außerhalb der Stadt gelegenen Bauernhof zur Untermiete. Seine Kontaktschwierigkeiten haben sich nach Aufnahme seines Studiums erheblich verstärkt; er kennt bisher noch keinen seiner Kommilitonen näher. - Um Gelegenheit zu mehr Kontakten zu schaffen, könnte der Therapeut mit ihm überlegen, ob er sich nicht direkt am Studienort ein Zimmer suchen möchte.

3.2 Zielbestimmung - *»Was soll erreicht werden?«*

Die Bestimmung der Ziele muß für jeden Problembereich geschehen. In der Regel dürfte es sich dabei nicht um einen einmaligen Vorgang handeln, sondern um ein *sukzessives Erarbeiten* während längerer Phasen der Therapie. Dies trifft besonders dann zu, wenn das Problem in einer Ziel- oder Entscheidungsfindung besteht.

Ein Paar kommt wegen eines schon langandauernden Partnerschaftskonfliktes zum Therapeuten. Erst im Verlauf mehrerer Sitzungen wird eine Zielbestimmung - ob Trennung oder Verbesserung des Zusammenlebens - möglich sein.

3.2.1 Klärung der unterschiedlichen Zielvorstellungen

Wichtig ist hier, daß die Zielklärung in enger Kooperation zwischen dem Therapeuten und dem Klienten sowie ggf. anderen Beteiligten geschieht.
Die folgenden Punkte sollen Anregungen dafür bieten, was bei der Zielbestimmung berücksichtigt werden sollte. Zuerst werden die Sichtweisen des Klienten, der Bezugspartner und des Therapeuten zusammengestellt, um dann Differenzen und Gemeinsamkeiten herauszuarbeiten:

- Welche Lösungs- bzw. Zielvorstellungen bestehen für den Zustand bzw. die Fähigkeiten der verschiedenen Beteiligten nach dem therapeutischen Veränderungsprozeß?

- Wird mit Abschluß der Therapie die abschließende »endgültige Lösung« oder Teillösung der anstehenden Problematik erwartet? oder
- Verspricht man sich vom gemeinsamen Durchlaufen einzelner bzw. aller Phasen des Problemlöseprozesses eine Steigerung der Fähigkeiten des Klienten und/oder seiner Bezugspartner, mit Problemen in Zukunft besser umgehen zu können?
- Welche positiven Folgen der Zielerreichung werden erwartet?
- Welche negativen Folgen der Zielerreichung werden erwartet?

Im Anschluß werden Gemeinsamkeiten und Differenzen zwischen den Sichtweisen der Beteiligten betrachtet und Hypothesen über die Bedeutung der Unterschiede für die weitere Zusammenarbeit entwickelt. Wenn starke Unterschiede zwischen den Wertvorstellungen bestehen, ist es sinnvoll zu überlegen, welche impliziten oder expliziten Normen den verschiedenen Zielsetzungen aller Beteiligten zugrunde liegen.
Auch die Frage, ob eventuell andere als die angegebenen Ziele bei einem der Beteiligten vorliegen, ist zu beachten. Bei entsprechender Vermutung sollte eine Klärung angestrebt werden.

Herr Y., 45 J. alt, kommt zur Beratung, weil er Schwierigkeiten mit seiner beruflichen Umschulung hat. Das anfänglich geäußerte starke Interesse an dem neuen Beruf und an einer entsprechenden Abschlußprüfung erweist sich später als vorgeschobenes Ziel. Im Grunde liegt ihm daran, eine Bescheinigung des Therapeuten über mangelnde Leistungsfähigkeit zu bekommen; sein eigentliches Ziel ist eine vorzeitige Pensionierung.

3.2.2 Bestimmung von Zielen und Zwischenzielen

Das Ergebnis der Zielanalyse sollte in einer gemeinsamen und – zumindest für die nächsten Schritte – verbindlichen Zielsetzung bestehen. Bei der Erarbeitung der Ziele müssen die vorhergehenden Informationen und Überlegungen berücksichtigt werden, wie etwa Genese und derzeitige Problemlage, personelle und institutionelle Rahmenbedingungen, Motivationslage und Veränderungserwartungen aller Beteiligten. Von besonderem Interesse ist hier die Einbeziehung von Zielanteilen aus der Plananalyse. Dies erleichtert die Integration der Therapieziele in die übergeordneten Lebensziele und beugt der Gefahr vor, ungewollt in Plankonflikte zu geraten und therapeutische Mißerfolge vorzuprogrammieren.
In der Regel stellt sich in einer problemorientierten Zielklärung die Frage, wie die Ist-Soll-Diskrepanz der Problemstellung prinzipiell

reduziert werden soll. Kanfer et al. (1996) unterscheiden vier Varianten:

- Änderung des Verhaltens bzw. seiner steuernden Bedingungen im Sinne einer Anpassung an die Ziele
- Änderung der Ziele im Sinne einer Anpassung an bestehende Verhaltensgewohnheiten
- Gegenseitige Annäherung von Zielen und Verhaltensweisen (dies ist wohl der häufigste Fall)
- »Ausstieg« aus dem vorgegebenen Problemrahmen durch völlige Neuorientierung der Lebensführung

Für die Zieldefinition ist die Beachtung folgender Kriterien unbedingt empfehlenswert:

- Zielverhalten bzw. Zielzustand sollen vom Klienten selbst initiierbar und aufrechtzuerhalten sein (vgl. auch Stahl, 1988).

  »Ich werde mein Anliegen freundlich und bestimmt vortragen« anstatt »ich möchte erreichen, daß meine Freundin voll auf meine Anliegen eingeht«.

- Ziele sollen positiv formuliert werden und sich nicht in einer bloßen Negation des Ist-Zustandes erschöpfen. (Auch Komparative sind als Zielformulierung ungünstig!)

  Eine Klientin, die in Interaktionssituationen mit Männern häufig errötet, sollte anstatt der reinen Negation: »Ich achte nicht auf meine Körpersensationen« positiv formulieren: »Ich werde mich auf die inhaltlichen Aspekte des Gespräches konzentrieren«.

- Ziele sollen konkret und situationsspezifisch formuliert werden:

  »Ich möchte nach der Chorprobe meine beiden Nachbarinnen ansprechen und zum Bier einladen« anstatt: »Ich möchte häufiger Kontakt aufnehmen«.

In der Regel gelangt man in dieser Phase durch die Operationalisierung anfangs weitgefaßter, noch allgemeiner Zielsetzungen zu einem Konsens über konkrete und spezifische Teilziele. Mit dieser Ableitung kann gleichzeitig eine zeitliche Reihenfolge von Fern-, Zwischen- und Nahzielen entwickelt werden, d. h., Ergebnis dieses Prozesses ist die Vereinbarung einer klaren gemeinsamen Zielsetzung jeweils für eine anstehende zeitlich überschaubare Therapiephase.

3.3 Die Therapeut-Klient-Beziehung und ihre Bedeutung für den Veränderungsprozeß – *»Sand im Getriebe?«*

Der Interaktion zwischen Therapeut und Klient – früher eher als eine unspezifische Variable im Veränderungsprozeß betrachtet – muß aufgrund zahlreicher empirischer Untersuchungen (Goldstein, 1977; Herschbach et al., 1980; Schindler, 1991) eine entscheidende Bedeutung zuerkannt werden. Sie sollte darum laufend reflektiert und das Ergebnis dieser Überlegungen für den Therapieprozeß nutzbar gemacht werden (vgl. Grawe, 1978; Zimmer, 1983; Schulte 1996a). Im folgenden soll darum eine Analyse der Therapeut-Klient-Beziehung vorgenommen und ihr möglicher *Einfluß auf den Veränderungsprozeß* untersucht werden.

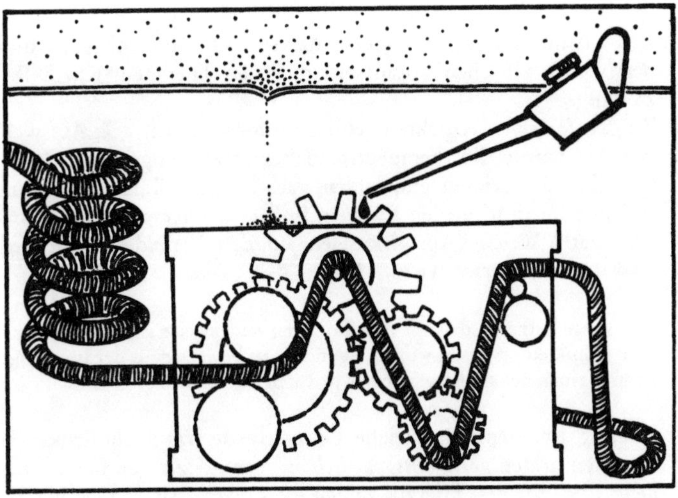

In ausführlicher Form geschieht dies zunächst in der Anfangsphase. An entscheidenden Punkten der Therapie, wenn beispielsweise eine Stagnation eintritt, ist es angezeigt, die anfängliche Auswertung zu überprüfen und neu zu formulieren.
Eine Analyse der Therapeut-Klient-Beziehung sollte zielgerichtet entsprechend den Fragestellungen vorgenommen werden:

- Welchen *Einfluß* können Interaktionsverhalten und Beziehungsstruktur von Therapeut und Klient auf den Veränderungsprozeß haben?
- Welche *Änderungen* im Interaktionsverhalten und in der Einstellung sind notwendig für eine hilfreiche therapeutische Beziehung im Sinne der Veränderungsziele?

Ein wichtiger Ort für die Reflexion der Therapeut-Klient-Beziehung außerhalb der therapeutischen Situation ist die *Supervision* mit Kollegen oder einem außenstehenden Supervisor (Plessen u. Kaatz, 1985; Schindler, 1991; Kanfer et al., 1996). In vielen Fällen kann auch eine gemeinsame Abklärung zwischen Therapeut und Klient sinnvoll sein und wird sich auf den weiteren Therapieverlauf förderlich auswirken.

3.3.1 Formale und personenspezifische Voraussetzungen

Erste Anhaltspunkte für eine Analyse bieten die formalen und personenspezifischen Voraussetzungen der Therapeut-Klient-Beziehung.
Zu den *formalen* Aspekten gehören Informationen wie: Auf welche Art wurde die therapeutische Beziehung eingegangen (z. B. freiwillig, überwiesen, empfohlen, nach längerer Wartezeit) und in welchem institutionellen Rahmen findet der therapeutische Kontakt statt? Welche Auswirkungen auf den Veränderungsprozeß sind daraus zu erwarten?

Die Voraussetzung, daß ein Alkoholiker zwangsweise in die psychiatrische Klinik eingewiesen wurde, ist anders zu bewerten als der freiwillige Beginn einer Behandlung in einer privaten Suchtklinik.

Wichtig ist ebenfalls: Welche Unterschiede bzw. Ähnlichkeiten bestehen in den *personenspezifischen Voraussetzungen bei Therapeut und Klient?* Hierzu zählen besonders Alter, Geschlecht, Sprachniveau, Erfahrungsbereiche und soziale Schicht.

a) Erhebliche Unterschiede im Bereich und im Umfang *persönlicher Erfahrungen* können zu Verständigungsschwierigkeiten vor allem in der Anfangsphase der Zusammenarbeit führen.

Ein sehr junger Therapeut, der mit mehreren Gleichaltrigen in einer Wohngemeinschaft zusammenlebt, hat z. B. Schwierigkeiten, auf die Erziehungsprobleme eines jungen Elternpaares einzugehen, oder er kann nur mir Mühe die Ängste eines älteren Klienten im Zusammenhang mit seiner bevorstehenden Pensionierung verstehen.

b) Bei beiden Interaktionspartnern können bestimmte - richtige oder falsche - Vorinformationen zu veränderungsrelevanten *Voreinstellungen* führen.

Die Tatsche, daß der Therapeut Berufsanfänger ist, kann auf seiten des Klienten zu Skepsis führen, auf seiten des Therapeuten zu dem Druck, keine Fehler machen oder zugeben zu dürfen.

c) Seine *persönliche Kompetenz und Betroffenheit im Zusammenhang mit dieser spezifischen Problematik* sollte der Therapeut abschätzen und überprüfen. Sie werden u. a. bestimmt durch bisherige therapeutische Erfahrungen mit ähnlichen Problemkonstellationen und die evtl. belastende Ähnlichkeit zu eigenen Problemen.

Ein Therapeut fühlt sich nicht in der Lage, eine depressive Klientin zu behandeln, weil ihn diese Problematik an die eigene Mutter erinnert. Das »Sich-Hängenlassen« und Jammern der Klientin macht ihn aggressiv und handlungsunfähig.
Ein anderer Therapeut hat ähnliche Probleme wie der Klient: Auch ihm fällt es schwer, Kontakt zu Frauen anzuknüpfen und zu intensivieren.

3.3.2 Interaktionsverhalten und Beziehungsstruktur

Während zunächst Voraussetzungen, die in die therapeutische Beziehung von beiden Seiten eingebracht wurden, ausgewertet werden sollten, steht nun die Beziehung zwischen Therapeut und Klient im Mittelpunkt.
Informationen hierüber ergeben sich sowohl aus Verhaltensbeobachtungen, die die Beziehungsstruktur erschließen helfen, als auch durch eine Selbstreflexion des Therapeuten sowie durch Rückmeldung von Klienten und anderen Beteiligten. Interessant sind hier Hinweise aus Blickkontakt, Mimik, Gestik, Tonfall etc. bei Klient und Therapeut, Häufigkeit und Verteilung der Interaktionen sowie qualitative Bewertung der Interaktionsanteile und -inhalte, wie z. B. Anteil von Initiativverhalten bei Therapeut und Klient. Aus dem Verhalten von Therapeut und Klient erschließbar und durch Selbstbeobachtung des Therapeuten sowie durch Metakommunikation zwischen Therapeut und Klient zugänglich sind

weitere relevante Beziehungsmerkmale wie Sympathie-/Antipathiegefühle, Empathie und Echtheit.
Zusammengefaßt kann das Interaktionsverhalten und die Beziehung zwischen Therapeut und Klient unter folgenden Aspekten betrachtet werden:

- *Interpersonale Anziehungskraft:* Existiert zwischen Klient und Therapeut eine einseitige oder gegenseitige Antipathie bzw. Sympathie, durch die der Therapieprozeß beeinflußt werden könnte? Kann der Therapeut die Wirkung eines sozialen Verstärkers für den Klienten erlangen?
- *Kommunikative Effektivität:* Ist eine Verständigung trotz unterschiedlichen Sprachcodes zwischen Therapeut und Klient möglich (»Rapport«)? Können sich Klient und Therapeut relativ leicht und glatt (»ohne große Umschweife«) verständigen, oder gibt es häufig Mißverständnisse?
- *Ähnlichkeit in den Werthaltungen:* Existieren starke weltanschauliche Differenzen, und werden diese für den Therapieprozeß relevant? Sind die Wertsysteme etwa bzgl. Ehe und Partnerschaft oder Anspruchsniveau und Leistung ähnlich oder unvereinbar?
- *Ambiguität im Verhalten:* Ist der Therapeut in der Lage, sich über den gesamten Therapieprozeß hin eindeutig, stringent und selbstkongruent zu verhalten, oder verunsichert er den Klienten durch sprunghafte Themenverlagerung bzw. undurchschaubare Wechsel in seinem Vorgehen?

Durch Reflexion dieser Aspekte sowie durch Metakommunikation mit dem Klienten können mögliche Barrieren abgebaut bzw. vorhandene Unterschiede sinnvoll genutzt werden.
Die eindeutige Bestimmung einer optimalen Beziehungsstruktur zwischen Therapeut und Klient ist grundsätzlich weder möglich noch sinnvoll. Die jeweils zu entwickelnden Beziehungsmuster stellen nach Zimmer (1983) immer einen Kompromiß dar zwischen verschiedenen Ausprägungen von Fähigkeiten, Angeboten und Bedürfnissen (z. B.: Verantwortung übernehmen vs. Verantwortung an Klienten übergeben; mitgehen vs. führen; Schonung vs. Konfrontation). Der Therapeut sollte für sich selbst immer wieder abklären, inwieweit er in der Lage ist, sein Interaktionsverhalten so zu erweitern, daß er die Flexibilität erreicht, auch auf verschiedenartige Klienten in günstiger Weise eingehen zu können.

Aufgaben für den Therapeuten in Phase 3:

- Formulieren Sie gemeinsam die Ihrer Ansicht nach wichtigsten Ziele und Zwischenziele für den anfangs ausgewählten Problembereich.
- Achten Sie besonders auf Unterschiede in den Zielvorstellungen, und arbeiten Sie auf einen Konsens hin.
- Vereinbaren Sie auf dieser Basis konkrete Teilziele.

Mögliche Fragen an den Klienten in Phase 3:

- Was wollen Sie lernen, ändern, erreichen?
- Welches Ziel streben Sie als erstes an?
- Welche eigenen Stärken und welche Hilfen aus der Umwelt können Sie nutzen?

4. Suchen, Bewerten und Auswählen von Lösungsalternativen – »*Wege zum Ziel*«

Die Fragestellung dieser Phase im Problemlöseprozeß lautet: Wie kann das gewählte Ziel erreicht werden?

Unser primäres Anliegen ist an dieser Stelle, das Vorgehen beim Suchen, Bewerten und Auswählen von Lösungsalternativen *formal zu strukturieren* und in seinen grundlegenden Schritten transparent zu machen. Notwendige Voraussetzung ist die Kenntnis von psychologischen Veränderungsprinzipien und deren methodische Konkretisierung in Verbindung mit detailliertem störungsspezifischen Fachwissen. Zur inhaltlichen Darstellung der vielfältigen therapeutischen Methoden verweisen wir auf die einschlägige Fachliteratur (z. B. Linden u. Hautzinger, 1981; Revenstorf, 1982; Reinecker, 1994; Baumann u. Perrez, 1991; Margraf, 1996).

Ausgangspunkt für die therapeutische Intervention sind die in der Problemanalyse formulierten Hypothesen zur Erklärung des Problems; dabei ist der Zusammenhang zwischen den Problembereichen zu berücksichtigen. Auf der Basis der Zielvereinbarungen sollen die Ansatzpunkte für die Behandlung ausgewählt werden und hierfür stringent aus der Problemanalyse entsprechende Ver-

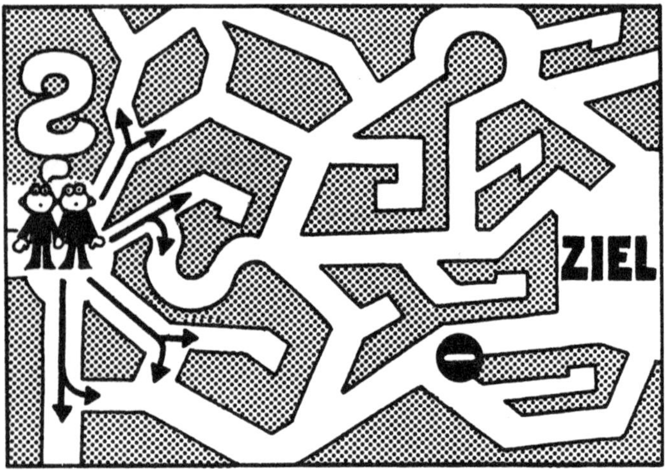

änderungsprinzipien abgeleitet werden. Auf dieser Grundlage ist ein zeitlich und inhaltlich ökonomischer *Gesamtbehandlungsplan* zu entwickeln. Für die jeweils anstehende Therapiephase müssen die Veränderungsprinzipien dann so weit konkretisiert werden, daß sie als umsetzbare Handlungsanweisungen formuliert sind. *Abb. 13* soll diesen Entscheidungsprozeß, d. h. die Auswahl von Ansatzpunkten, Veränderungsprinzipien und konkreten Veränderungstechniken, verdeutlichen.

4.1 Diskussion und Auswahl von Ansatzpunkten einer Veränderung – *»Wo wird der Hebel angesetzt?«*

Zuerst ist zu fragen, an welche Person(en) der Veränderungsanspruch gerichtet wird, an den identifizierten Klienten selbst oder an Bezugspersonen, die an der funktionalen Steuerung beteiligt sind oder die eine Mediatorenfunktion übernehmen.

Thomas (7 Jahre) wird wegen aggressivem störenden Verhalten vorgestellt. Es zeigt sich im Verlauf des diagnostischen Prozesses, daß die bisherige inkonsistente Reaktionsweise der Mutter (abwechselndes Schimpfen und Lachen) in ungünstiger Weise das Verhalten des Jungen verstärkt.
Ausgewählte Person: Mutter

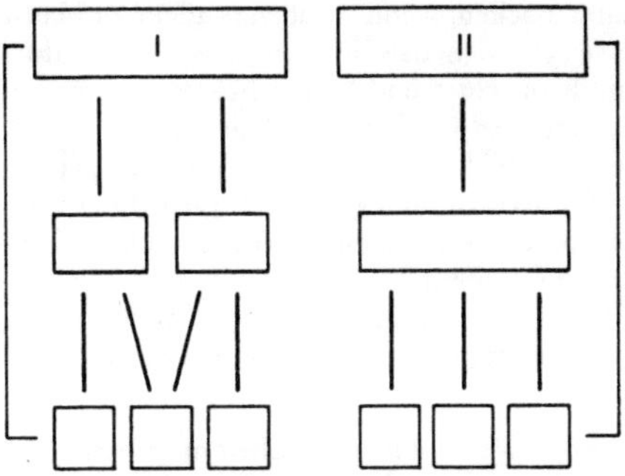

Abb. 13: Entscheidungsabfolge beim Suchen, Bewerten und Auswählen von Lösungsalternativen

Als nächstes muß der *Ansatzpunkt einer Veränderung* bestimmt werden. Unter »Ansatzpunkt« verstehen wir hier denjenigen Interventionspunkt, von dem aus sich am wahrscheinlichsten eine Veränderung in Richtung auf das definierte Ziel initiieren läßt. Der Ansatzpunkt ist aus den Hypothesen der Problemanalyse und den daraus resultierenden Schlußfolgerungen (*s. Abb. 12*) abzuleiten.
Ansatzpunkte können liegen

- auf der Ebene von *Verhalten-in-Situationen* (V-i-S) des Klienten oder seiner Bezugspersonen. Die Intervention kann grundsätzlich an allen Bestimmungsstücken des funktionalen Bedingungsmodells (S, WP, IV, V, K) ansetzen.
- auf der Ebene von *Regeln und Plänen* des Klienten oder seiner Bezugspersonen.
- auf der Ebene von *System-Regeln* eines oder mehrerer Systeme, zu denen der Klient gehört.

Es sollte pragmatisch entschieden werden, ob einer oder mehrere Ansatzpunkte ausgewählt werden und - wenn mehrere festgelegt werden - ob diese zeitlich parallel oder sukzessive bearbeitet werden sollen.
Es folgen mehrere Beispiele für die Auswahl von Ansatzpunkten:

(1) Die Mutter von Thomas (s. o.) erkennt bald den Bedingungszusammenhang zwischen ihrem Verhalten und dem des Jungen. Sie möchte sich gern eindeutig verhalten, weiß aber nicht, wie sie das in der konkreten Situation machen soll.

Hypothese: Es liegt ein Defizit im Verhalten der Mutter vor.
Ansatzpunkt: Ebene des Verhaltens-in-Situationen: Verhalten.

(2) Frau F. leidet unter Panikattacken, wenn sie abends allein zu Hause ist. In der Bedingungsanalyse zeigt sich, daß sie in entsprechenden Situationen ständig ihre Atmung beobachtet und leichte Beklemmmungsgefühle als Anzeichen eines drohenden Erstickungsanfalls wertet.

Hypothesen: Frau F. ist in ihrer Wahrnehmung selektiv auf Körpersensationen (Atmung) hin orientiert. In ihrer inneren Verarbeitung katastrophisiert sie diese Signale, so daß es zu einem kognitiv-physiologischen Aufschaukelungsprozeß kommt.

Ansatzpunkte: Ebene des Verhaltens-in-Situationen: a) Wahrnehmungsprozeß; b) innere Verarbeitung (Interpretation und Bewertung).

(3) Frau R. hat den Plan, ihrem Mann eine gute Ehefrau zu sein. Das heißt für sie: »Sorge dafür, daß er sich nie über deine Haushaltsführung beklagen kann«. Konkret hat sie sich die Regel gesetzt: »Das Essen muß immer um 12 Uhr pünktlich auf dem Tisch stehen, nachdem die zwei Kleinkinder vorher versorgt sind.« Im Laufe des Vormittags steigern sich ihre Druck- und Spannungsgefühle so, daß sie mittags Magenschmerzen verspürt und kaum noch etwas essen kann.

Hypothese: Die Ableitung der konkreten Strategien aus dem übergeordneten Ziel erscheint nicht sinnvoll und führt zu Überforderung.

Ausgewählte Person: Frau R., ggf. unter Einbeziehung des Partners.

Ansatzpunkt: Ebene der Regeln und Pläne: Strategiekomponenten.

(4) Ein 34jähriger kauziger und unerfahrener Mann (Herr Kunz) wartet seit Jahren darauf, daß ein 18jähriges schönes, intelligentes und unberührtes Supermädchen von sich aus auf ihn zugeht und von da ab nur noch für ihn da ist. Hier dürfte es wenig günstig sein, Herrn Kunz auf der Verhaltensebene zum »Vorstadt-Casanova« zu trimmen. Vielmehr könnten zunächst die irrationalen Erwartungen des Klienten ein lohnender Ansatzpunkt zur Veränderung sein.

Hypothesen: Die Ziele des Klienten sind irrational, seine Strategien sind ineffizient.

Ansatzpunkt: Ebene der Regeln und Pläne: Ziel- und Strategiekomponenten.

(5) Jürgen (16 Jahre) hat seit einem halben Jahr vermehrt Streit zu Hause, obwohl er eigentlich ein gutes Verhältnis zu seinen Eltern haben möchte. Diese erwarten, daß er viele Unternehmungen, vom Sonntagsausflug bis zum Jahresurlaub, mit ihnen gemeinsam macht. Seine Eltern interpretieren seine Versuche zu etwas mehr Unabhängigkeit als Symptom eines nicht intakten Familienlebens. Die System-Regel »eine glückliche Familie macht alles gern gemeinsam« bestimmt ihr Handeln und Denken.

Hypothese: Diese rigide, »altbewährte« System-Regel erlaubt keine eigenständige Abgrenzung der Familienmitglieder und entspricht nicht der altersgemäßen Bedürfnislage Jürgens.

Ausgewählte Personen: Die gesamte Familie.
Ansatzpunkt: Ebene der System-Regeln.

(6) Der Student K. Oss hat Probleme damit, sich regelmäßig und produktiv mit seiner Examensarbeit zu beschäftigen. In der Bedingungsanalyse zeigt sich, daß er zu Hause an einem überladenen Wohnzimmertisch keinen Überblick über seine Materialien und kaum Platz zum Schreiben findet. Zusätzlich ist er leicht ablenkbar durch Zeitung, Radio und Fenster zur Straße.
Hypothese: Die externen situativen Faktoren lassen ein effektives, gezieltes Arbeiten nicht zu.
Ansatzpunkt: Verhalten-in-Situationen: externe Situationsbedingungen.

(7) Im Falle des Herrn Kunz zeigte sich, daß er auch bei veränderten Erwartungen nicht in der Lage war, überhaupt Frauen anzusprechen, so daß auch sein Kontaktverhalten zu einem Ansatzpunkt für Veränderung wurde.
Hypothese: Es liegt ein Defizit im Sozialverhalten vor.
Weiterer Ansatzpunkt: Ebene des Verhaltens-in-Situationen: Kontaktaufnahme-Verhalten.

Wie Beispiel (7) zeigt, reicht es häufig nicht aus, nur an einem Ansatzpunkt zu arbeiten. In vielen Fällen muß parallel oder zeitlich verschoben *an mehreren Punkten* angesetzt werden.

4.2 Diskussion und Auswahl von Veränderungsprinzipien – *»Wie soll es grundsätzlich laufen?«*

Sind die Ansatzpunkte gewählt, geht es im zweiten Schritt um die Suche nach Veränderungsprinzipien. Diese können gewissermaßen in Umkehrung aus den in der Problemanalyse aufgefundenen verhaltenssteuernden Prinzipien abgeleitet werden. Problemanalyse und Veränderungsplanung sollten also in einem stringenten, auch für den Klienten nachvollziehbaren Zusammenhang stehen.
Prinzipien der Verhaltenssteuerung bzw. -änderung, die sich in den Methoden verschiedener psychotherapeutischer Richtungen wiederfinden, sollen hier *exemplarisch* auf der Ebene des Verhaltens-in-Situationen genannt werden:

Schwerpunkt »Situation« (S_e, S_i):
- Prägnantere Gestaltung von Stimuli zur Förderung des Diskriminationslernens
- Graduierte bzw. massierte Konfrontation mit Situationsanforderungen, Exposition
- Sukzessive Approximation durch Hierarchisierung von Stimuli
- Stimuluskontrolle durch Entfernen und Verändern von Stimuli/Situationsanteilen
- Vorgabe von Modell(en)

Schwerpunkt »Wahrnehmungsprozeß« (WP):
- Gezielte Selbstbeobachtung
- Fokussieren der Wahrnehmung auf bestimmte innere und äußere Reize bzw. Erweiterung des Wahrnehmungsfeldes
- Einbeziehen anderer Sinneskanäle

Schwerpunkt »Innere Verarbeitung« (IV):
- Veränderung von Interpretationen, Erwartungen und Bewertungen durch Realitätsüberprüfung, Reattribuierung und rationale Umstrukturierung bzw. Neubewertung
- Differenzierung von Plänen in ihren Ziel- und Strategieanteilen
- Reframing durch neue Zuordnungen und Abgrenzungen von Geltungsbereichen; bewußte Gewichtung von Alternativen
- Selbststeuerung: Entautomatisierung durch Impulszeitdehnung und bewußte Absichtsbildung, Entscheidung und Selbstanleitung

Schwerpunkt »Verhalten« (V):
- Verhaltensaufbau durch Aufteilen komplexer Verhaltensmuster in kleine Schritte: Verhaltensausformung, Verhaltensverkettung
- Verhaltensstabilisierung durch Übung und Generalisierung
- Verhaltensabbau durch Habituation und Gegenkonditionierung
- Aufbau von Alternativverhalten

Schwerpunkt »Konsequenzen« (K):
- Setzen reaktionskontingenter Konsequenzen
- Verhaltensaufbau durch positive oder negative Verstärkung
- Verhaltensabbau durch Löschung (indirekte Bestrafung) oder direkte Bestrafung
- Zeitliches Heranholen langfristiger Konsequenzen durch Perspektivenverkürzung

Die auf der V-i-S-Ebene bereits genannten Prinzipien – besonders diejenigen für die innere Verarbeitung – sind ebenfalls heranzuziehen, wenn es um die Überprüfung und Veränderung von Planstrukturen und Systemregeln geht.

In der Regel dürfte es mehrere Möglichkeiten geben, die gewünschte Veränderung zu initiieren. Das oben aufgeführte Schema soll hier anhand eines Beispiels verdeutlicht werden *(Abb. 14)*:

Im Falle von Herrn Kunz werden bzgl. der irrationalen Erwartungen folgende Änderungsprinzipien ausgewählt:

1) Kognitive Umstrukturierung des übergeordneten Plans (Überprüfung auf seine Rationalität hin: Überlegungen zu den positiven und negativen Konsequenzen, falls dieser Plan beibehalten wird).
2) Realitätsüberprüfung, inwieweit auch andere Frauen nett und interessant sein können.

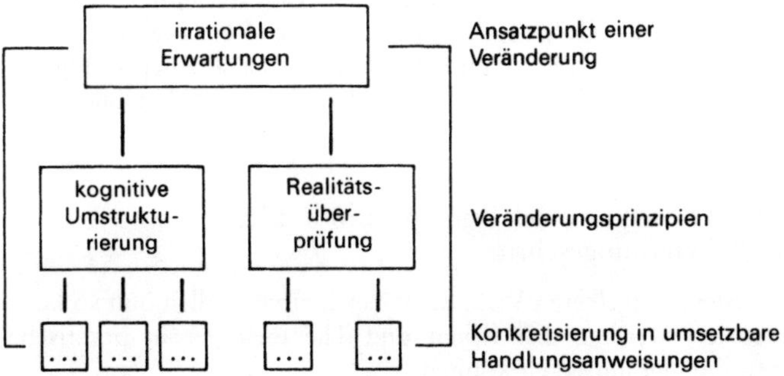

Abb. 14: Beispiel: Ansatzpunkt und Veränderungsprinzipien

Die Veränderungsprinzipien sollten für *jeden* gewählten Ansatzpunkt bestimmt und diskutiert werden; sie können auf einem unterschiedlichen Abstraktionsniveau formuliert sein. Nach Auswahl der Veränderungsprinzipien kann noch einmal überlegt werden, welche Anregungen und Anforderungen sich daraus für die Therapeut-Klient-Beziehung und für die Motivierung des Klienten ergeben.

In vielen Fällen ist es an dieser Stelle angebracht, mit den Betroffenen ein Informationsgespräch über Prinzipien und ausgewähltes Therapiekonzept zu führen. Hierbei sollte der Bezug zu den Erklärungshypothesen für die Problematik und das gemeinsam formulierte Ziel transparent gemacht werden, vor allem dann, wenn das geplante Vorgehen gewohnten Denk- und Verhaltensmustern des Klienten oder seiner Bezugspersonen entgegensteht. Im Sinne einer möglichst weitgehenden »compliance« halten wir es an dieser Stelle für besonders wichtig, das Therapiekonzept als offenen Vorschlag zu unterbreiten und dem Klienten genügend Zeit zur Auseinandersetzung damit zu lassen. Dies schafft günstige Voraussetzungen für die aktive Beteiligung an der nun folgenden konkreten Ausgestaltung der Veränderungsschritte.

4.3 Konkretisierung der Veränderungsprinzipien – *»Kleine Schritte sind die Praxis«*

Die Frage ist hier: Wie lassen sich die ausgewählten Änderungsvorhaben in einen konkreten Behandlungsplan überführen? Zu diesem Zeitpunkt erfolgt in der Regel eine enge Verschränkung einer individuell auf den Klienten zugeschnittenen Therapieplanung mit der Anwendung bewährter und empirisch überprüfter Standardtechniken.

4.3.1 Umsetzung der Prinzipien in konkrete Handlungsschritte

Die oben festgelegten Veränderungsprinzipien sollen nun so konkretisiert werden, daß Klient und Therapeut sie in praktische Handlungen umsetzen können.
Das obige Beispiel von Herrn Kunz soll zur Verdeutlichung dieser Form der zunehmenden Operationalisierung fortgeführt werden.

Die konkreten Schritte bei Herrn Kunz sahen folgendermaßen aus:
1) Einstellungskonträre Argumentation:
Herr Kunz hält einen Vortrag über die Probleme, die eine Beziehung mit einer wesentlich jüngeren und unerfahrenen Frau mit sich bringt.
2) Konfrontation mit den langfristigen Konsequenzen seines Plans:
Der Therapeut konfrontiert den Klienten mit seiner Vermutung, daß sein Wunsch nach der nicht erreichbaren Superfrau ihn davor schützt, überhaupt in Interaktion mit Frauen treten zu müssen, und zur Folge haben kann, daß er sein Leben lang allein bleiben wird.
3) Beobachtungs- und Beschreibungsaufgabe:
Beobachten und beschreiben, wieviele Frauen, die er im Laufe einer Woche sieht, den Kriterien der Traumfrau entsprechen.
4) Kontrakt über Verhaltensübungen:
Ansprechen einer bestimmten Anzahl von Frauen unterschiedlichen Alters und unterschiedlicher Attraktivität; sprechen über ganz alltägliche Dinge.

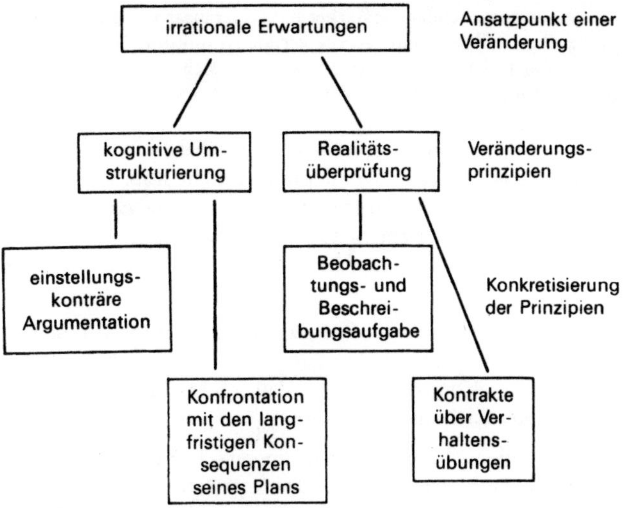

Abb. 15: Beispiel zur Konkretisierung der Veränderungsprinzipien

Weiteres Beispiel:
Frau B., eine schwer depressive Klientin, hat sich seit mehreren Wochen von nahezu allen Kontakten zurückgezogen. Sie ließ sich vor 14 Tagen krankschreiben und verbringt nun den größten Teil des Tages mit pessimistischen Grübeleien zu Hause im Bett.
Als Veränderungsprinzip für die Anfangsphase der Therapie wurde ein gestufter Aktivitätenaufbau durch positive Verstärkung ausgewählt mit dem Ziel, durch Tagesstrukturierung und Aktivierung eine Stimmungsverbesserung herbeizuführen.
Konkret bedeutete dies:

- Erhebung von antidepressiven Aktivitäten.
- Erhebung von eventuellen Verstärkern und verstärkenden Selbstverbalisierungen (z. B. Eiscreme essen, eine bestimmte Platte hören, »Jetzt habe ich den ersten Schritt schon geschafft«).
- Erfolg- und Vergnügen-Technik: Registrierung täglicher Aktivitäten zusammen mit Einschätzung von Erfolg und Zufriedenheit.
- Tagesplanung mit festgelegten kleinen Aufgaben, die zunehmend komplexer werden (z. B. Blumen gießen, in die Badewanne gehen, einen kurzen Spaziergang machen).

- Einsatz entsprechender Verstärker bzw. Herausarbeiten der selbstverstärkenden und stimmungsverbessernden Funktion von Aktivitäten (z. B. Frau B. kann ein Eis essen, wenn sie sich eine warme Mahlzeit gekocht hat).

An oben ausgeführten Beispielen wird deutlich, daß die Operationalisierung sowohl die Zielvorstellungen (siehe Kap. 3) als auch die Veränderungsprinzipien umfaßt und auf die konkrete individuelle Situation des Klienten zugeschnitten werden muß.
Hilfreich in der gemeinsamen Arbeit mit dem Klienten sind Fragen wie:

- Woran merke ich, daß ich Fortschritte in Richtung auf mein Ziel mache?
- Wie müßte ich mich verhalten, daß ich im Hinblick auf mein angestrebtes Ziel zufrieden wäre?

In einigen Fällen - besonders in Gruppen - kann auch das *»Brainstorming«* dazu beitragen, neue Lösungsstrategien zu finden. Bei dieser Form der kreativen Lösungssuche werden möglichst viele Alternativen von allen Beteiligten gesammelt, und zwar ohne diese zunächst zu bewerten. Eine solche »wertefreie« Auflistung kann es dem Klienten erleichtern, über die Problemstruktur hinausgehende Alternativen zu entwickeln, und ihm ein Gefühl der Wahlmöglichkeit vermitteln. In einem zweiten Durchgang werden die Alternativen gewertet und gewichtet, d. h., es werden Überlegungen zu ihren Realisierungsmöglichkeiten und zu kurzfristigen und langfristigen Auswirkungen angestellt. Erst zuletzt werden eine oder mehrere dieser Alternativen ausgewählt.

4.3.2 Zeitliche Abfolge der Interventionsschritte und Plan für die Gesamttherapie

Spätestens an dieser Stelle sollen Klient und Therapeut die Entscheidung treffen, ob die Probleme sukzessive behandelt werden sollen oder parallel bzw. ineinander verschränkt.

In der Therapie eines arbeitslosen Klienten mit Kontaktproblemen stehen die Beteiligten vor der Entscheidung, ob als erstes die Schwierigkeiten bei den verschiedenen abgebrochenen Berufsausbildungen angegangen werden oder der Aufbau von Kontakten zunächst im Mittelpunkt stehen soll. Der Klient entscheidet sich dafür, zunächst alle Anstrengungen darauf zu verwenden, eine neue Arbeitsstelle zu suchen und dort besser zurechtzukommen.

Für die gesamte Therapie ist dann ein vorläufiger Zeitplan zu erstellen, der die Kombination bzw. Abfolge verschiedener Interventionsverfahren festlegt und auch Angaben zur Behandlungsfrequenz und Sitzungsdauer enthält.
Kann der Therapeut die Gesamtdauer der Therapie zu diesem Zeitpunkt noch nicht absehen, sollte er mit dem Klienten Absprachen zu mittelfristigen Zeitabschnitten treffen, um Erwartungen zu strukturieren, Motivationen zu erhöhen und Frustrationen vorzubeugen. Dadurch können unrealistische Erwartungen an eine »endlose« Unterstützung durch den Therapeuten und somit Therapieabhängigkeit vermieden werden.
Liegt der Gesamtplan für die Abfolge der Interventionen vor, können sich nun Überlegungen zur Reihenfolge der Ausführungsschritte anschließen. Manchmal kann oder muß die Reihenfolge für alle Schritte vorher genau festliegen.

Im Falle einer geplanten Desensibilisierung empfiehlt sich beispielsweise eine straffe Zeitplanung: Der Klient lernt zunächst Entspannung, gleichzeitig wird eine Hierarchie erstellt, dann folgt Desensibilisierung in sensu, danach Desensibilisierung in vivo, dann werden selbstkontrollierte In-vivo-Übungen angeschlossen.

Ziel war es, daß die Mutter Thomas für erwünschtes Verhalten verstärken, aggressives Verhalten jedoch löschen soll. Hierzu müssen alle wichtigen Details der beabsichtigten Verhaltensalternativen (z. B. für Löschung: sich abwenden, aus dem Zimmer gehen, sich anderweitig beschäftigen) mit ihr abgesprochen und ggf. eingeübt werden. Außerdem muß mit ihr überlegt werden, wie sie reagiert, wenn Thomas sein aggressives Verhalten zunächst noch steigert.

In manchen Fällen ist es angezeigt, zunächst nur einige Schritte auszuführen und die nachfolgenden auf der Grundlage der damit gemachten Erfahrungen weiter zu planen. Hier zeigt sich wiederum die enge Verschränkung von Therapie und Diagnose.

Eine Klientin mit negativem Selbstbild - vor allem, was ihre körperliche Attraktivität betrifft - hat sexuelle Schwierigkeiten im Zusammensein mit ihrem Freund. Sie ist sehr unsicher, ob sie die Partnerschaft überhaupt fortsetzen will. Erst wenn diese Frage geklärt ist, kann genauer überlegt werden, in welcher Form die Sexualproblematik konkret behandelt werden soll, obwohl die Zielvorstellungen und auch mögliche Veränderungsprinzipien auf der Hand liegen.

Auf jeden Fall sollte ein Konsens in Form einer expliziten Vereinbarung zwischen Therapeut und Klient bzw. Beteiligten getroffen werden, bevor längere Abschnitte mit Schwerpunkt auf Veränderungsmaßnahmen eingeleitet werden. Kanfer et al. (1996) betonen die Bedeutung von klaren Vereinbarungen und therapeutischen Verträgen für die Übernahme von Eigenverantwortlichkeit seitens des Klienten: Durch klare zweiseitige Absprachen verlieren »gute Vorsätze« ihre Funktion als beschwichtigende »Lippenbekenntnisse« (»Silvestervorsätze«) und gewinnen die Qualität verbindlicher Absichtserklärungen.

4.3.3 Konkrete Vorbereitung der jeweils anstehenden Therapiephase

Beim Einstieg in die erste bzw. die jeweils nächste Veränderungsphase ist zu beachten:

- Für das jeweils anstehende mittelfristige Ziel wird ein überschaubarer Zeitraum abgesteckt (z. B. ambulante Therapie: 4–8 Wochen, stationäre Therapie: 1–2 Wochen).
- Die Schritte sollen ausreichend klein gewählt werden, damit Anfangserfolge und positive Lernerfahrungen sehr wahrscheinlich sind.
- Die zur Durchführung bestimmter Interventionen notwendigen Rahmenbedingungen und Hilfsmittel sind bereitzustellen.
- Die möglichen positiven oder negativen Folgen der unterschiedlichen Schritte sollten ausführlich überdacht und durchgesprochen werden.
- Alle Beteiligten sind über Art und Vorgehen der geplanten Schritte so weit zu informieren, daß sie mitentscheiden können.
- Der Bezug zwischen dem vorgeschlagenen Therapieprinzip und dem gemeinsam definierten Ziel sollte immer wieder transparent gemacht werden.

Aufgaben für den Therapeuten in Phase 4:

- Skizzieren Sie zunächst unter Einbeziehung aller Problembereiche einen vorläufigen Zeitplan für die Gesamttherapie.
- Leiten Sie aus dem funktionalen Bedingungsmodell und den Zielformulierungen die Ansatzpunkte und Veränderungsprinzipien für die Behandlung des ersten ausgewählten Problembereichs ab.
- Entwickeln Sie auf dieser Basis einen konkreten Therapieplan für den ersten Behandlungsabschnitt.
- Welche Ressourcen seitens des Klienten oder seiner Umwelt können Sie für die Arbeit nutzbar machen?

Mögliche Fragen an den Klienten in Phase 4:

- Welche Ideen haben Sie, wie Sie Ihr Ziel erreichen können?
- Welche einzelnen Schritte sind Ihrer Meinung nach nötig, und in welcher Reihenfolge wollen Sie sie angehen?
- Welche Hilfen brauchen Sie; wie und wo können Sie sich diese verschaffen?
- Welchen konkreten Schritt werden Sie zuerst machen?

5. Erprobung und Bewertung der Veränderungsschritte

5.1 Konkrete Erfahrungen mit neuen Strategien – *»Probieren geht über Studieren«*

Mit der Entscheidung für bestimmte Therapieschritte gelangen Therapeut und Klient in die Phase der praktischen Erprobung. Konkrete Arbeit erfolgt nicht nur innerhalb der Therapiesitzungen durch Gespräche und Übungen, sondern primär außerhalb des therapeutischen Settings in Form von sogenannten »Hausaufgaben«, d. h. eigenständiger Arbeit des Klienten im Alltag. Auf den Einsatz von Hausaufgaben in der Therapie gehen Kemmler und Borgart (1991) und Kanfer (1996) näher ein. Hausaufgaben oder Transfer-Übungen haben in der Regel nur dann eine gewisse Chance, umgesetzt zu werden, wenn sie konkret abgesprochen werden im Hinblick auf

- die Gelegenheit zur Ausführung (Ort, Zeit, Person)
- die Art der Ausführung (wie, wie lange, Umfang)
- Erinnerungshilfen für Gelegenheit und Durchführung
- Abschirmung gegen altes konkurrierendes Muster
- Festhalten der Ergebnisse (Selbstbeobachtungsprotokoll)

Hausaufgaben sollten im Schwierigkeitsgrad durchaus anspruchsvoll sein, sie sollten in der Folgesitzung immer aufgegriffen und besprochen werden.
Die Erfahrungen werden daraufhin ausgewertet, ob und inwiefern die gewählten Verfahren für das jeweils angestrebte Ziel förderlich waren. Die weitere Bearbeitung der Problematik in der Sitzung sollte sich möglichst in der Entwicklung neuer praktischer Erprobungsaufgaben niederschlagen, für die der Therapeut in seiner Sitzungsvorbereitung bereits Vorüberlegungen anstellen kann.
Wenn ein Klient Hausaufgaben nicht durchgeführt hat, sollten die Gründe dafür geklärt werden (siehe Shelton u. Ackermann, 1978; Beck et al., 1992).
Durch das systematische Experimentieren mit neuen Strategien macht der Klient Erfahrungen, die seine Wahlmöglichkeiten und seinen Handlungsspielraum laufend erweitern. Dadurch entstehen Rückkoppelungsschleifen auf der Mikro- und auf der Makroebene, die über die Qualität der gewählten Strategien für das angestrebte Ziel Aufschluß geben.

5.2 Methoden zur Erfassung von Veränderungen – *»Optimismus ist gut, Kontrolle ist besser«*

Für effektives Arbeiten und sinnvolles Ausnutzen der Erfahrungen im Sinne eines sich immer wieder korrigierenden Problemlösevorgehens ist es unbedingt notwendig, *permanente Reflexion* über den Fortgang der Therapie zu betreiben und *Rückmeldung* über die Wirksamkeit bzw. Unwirksamkeit von Veränderungsschritten beim Klienten bzw. anderen Beteiligten einzuholen.
Eine weitere Rückmeldung stellt das Erfassen von *quantifizierbaren Veränderungen* durch sogenannte Kontrollmessungen dar. Zur Evaluation stehen mittlerweile Vorschläge zur Standarddokumentation für Beginn und Abschluß von Therapien zur Verfügung (Laireiter u. Baumann, 1996). Zur Ergänzung empfehlen wir, symptom- und zielorientierte Instrumente für verschiedene klinische Störungsbilder heranzuziehen (vgl. Fydrich et al., 1996; Tuschen, 1996).
Hier müssen Entscheidungen getroffen werden über

a) die operationale Definition des *Erfolgskriteriums*, die konkreten Kriterien für Erfolg
b) die *Zeitpunkte* der Datenerhebung: Vorher-nachher-Messung; Intervallmessung; Follow-up-Messung; Post-hoc-Messung
c) die *Form* der Datengewinnung: Fragebogen; Diagrammführung und andere Protokollierungsformen wie z. B. Tagesaufzeichnungen; Verhaltensbeobachtung; physiologische Messungen
d) die *Informationsquelle:* der Klient selbst; Bezugspersonen; der Therapeut; sogenannte Experten (z. B. Lehrer, professionelle Rater)

5.3 Bewertung des Veränderungsprozesses – *»Häufiger Bilanz ziehen«*

Zusätzlich zu den laufenden Rückmeldungen und Kontrollen ist es sinnvoll, daß der Therapeut sich von Zeit zu Zeit klarmacht, wie der »Stand der Dinge« im Moment ist. Solche Rückmeldungen, beispielsweise über die Qualität der therapeutischen Beziehung, die Zufriedenheit mit der jeweiligen Sitzung und die aktuelle Hoffnung auf Erfolg, können in Form von Stundenbögen regelmäßig erhoben werden (z. B. »Berner Stundenbogen«, Grawe u. Braun, 1994) und Gegenstand des therapeutischen Gesprächs werden (siehe Kap. 6.1).

Gemeinsame Zwischenbilanzen – nach jeder Sitzung und/oder nach größeren Therapieabschnitten – dienen dazu, sich zu vergegenwärtigen, wie der aktuelle oder bisherige Therapieprozeß verlaufen ist und wo man im Hinblick auf das angestrebte Ziel im

Augenblick steht. Eine Kurzbilanz, z. B. in Form eines »Blitzlichtes« nach jeder Sitzung, und ausführliche Zwischenbilanzen nach größeren Abschnitten halten wir für unverzichtbar. Wir schlagen vor, im Sinne unseres Prozeßmodells Zwischenbilanzen unter folgenden Gesichtspunkten vorzunehmen:

- Was ist bisher erreicht worden (Einstellungsänderungen, Fortschritte im Verhalten etc.)?
- Welche Vorgehensweisen waren sinnvoll, welche nicht?
- Entsprechen Problemstellung und Veränderungsvoraussetzungen den anfänglichen Definitionen?

- Sind Abweichungen von den geplanten Veränderungsschritten erfolgt und, wenn ja, warum?
- Hat sich – wenn ja, wie – die Therapeut-Klient-Interaktion verändert? Gegenseitige Rückmeldung über förderliche bzw. hinderliche Interaktionsmuster.
- Haben sich neue Zielsetzungen ergeben, wie ist der Stand im Hinblick auf den geplanten Gesamtprozeß?

Falls der gemeinsame Problemlöseprozeß – was durchaus nicht ungewöhnlich ist – einmal deutlich stagniert, sich etwa ein ursprünglich definiertes Ziel als nicht erreichbar herausstellt, sollte der Therapeut dies möglichst früh mit dem Klienten ansprechen. Beide sollten gemeinsam überdenken, welche Ursachen dafür verantwortlich sind, bzw. wo eine Revision angebracht erscheint (z. B. bei der Problemdefinition, bei der Zieldefinition oder bei den eingesetzten Maßnahmen), um dann zu der entsprechenden Phase zurückzukehren und dort mit dem Problemlöseprozeß neu einzusetzen. Bei auftretenden Widerständen ist ein Rückgriff auf die Plananalyse hilfreich, bevor Therapeut und Klient einen für beide Seiten frustrierenden Machtkampf aufnehmen (vgl. Caspar u. Grawe, 1981; Caspar, 1989). Liegt der Grund für die Stagnation in der therapeutischen Beziehung begründet, dann sollte eine intensive *Metakommunikation* mit den Betroffenen eingeleitet werden. In manchen Fällen ist eine Besprechung mit einem Supervisor oder mit Kollegen hilfreich.

5.4 Beendigung der Therapie – *»Ende gut, alles gut?«*

Haben Klient und Therapeut den Problemlöseprozeß bezüglich eines definierten Problemzusammenhangs gemeinsam durchlaufen, gilt es, Überlegungen zum Abschluß der Therapie anzustellen. Vor allem in der letzten Therapiephase muß der Klient auf Trennung und selbständige Weiterentwicklung vorbereitet werden. Dabei stehen im Vordergrund:

- Bemühungen um Stabilisierung erreichter Erfolge durch Wiederholungen und Übung
- Unterstützung von Transfer und Generalisierungsprozessen

- Überlegungen zum Zeitpunkt des Therapieabschlusses, u. U. zum »Ausschleichen« der therapeutischen Unterstützung und Kontrolle durch schrittweise Vergrößerung der Sitzungsabstände
- Vorbereitung auf die »Zeit nach der Therapie«; Absprachen und Maßnahmen zum Umgehen mit Rückschritten und zur allgemeinen Rückfallprävention
- Abschlußdokumentation
- Vereinbarung von Katamnese-Terminen und ggf. Auffrischungssitzungen (sog. booster sessions).

Aufgaben für den Therapeuten in Phase 5:

- Entscheiden Sie sich für Verfahren zur Veränderungsmessung und Therapieerfolgskontrolle.
- Legen Sie fest, welche Veränderungen im ersten Problembereich erreicht sein sollen, damit Sie zur Bearbeitung eines weiteren übergehen können.
- Welche Veränderungen sollten Ihrer Meinung nach erreicht sein, damit die Therapie beendet werden kann?

Mögliche Fragen an den Klienten in Phase 5:

- Wie nützlich war der erprobte Schritt für Ihr Ziel?
- Welche Erfahrungen können Sie daraus ziehen?
- Lassen sich Ihre Erfahrungen auch auf andere Problembereiche übertragen?

Ein Abschließen der Therapie bedeutet nicht, daß der Klient für immer von all seinen Problemen befreit ist. Wir begreifen Klienten vielmehr als Lernende, die bestimmte Fähigkeitsdefizite in bestimmten Phasen des Problemlöseprozesses aufweisen oder die besonders schwierigen Situationen ausgesetzt waren, in denen sie nicht adaptiv handeln konnten. Therapie ist von vornherein angelegt auf einen begrenzten Zeitraum. Ihr Ergebnis sollte vor allem darin bestehen, daß Störungssymptome reduziert werden und somit Leiden vermindert wird. Das geschieht dadurch, daß die eigenen Möglichkeiten zur Zielerreichung erweitert und ausdifferenziert werden und damit auch ein größeres Ausmaß an allgemeinen Problemlösefähigkeiten erworben wird. So verstanden ist problemorientierte Therapie immer auch Chance zur Selbstentfaltung und zum persönlichen Wachstum.

6. Qualitätssicherung – *»Vertrauen ist gut ...«*

6.1 Verbesserung der Prozeß- und Ergebnisqualität

Angesichts knapper Kassen gewinnt die inzwischen auch gesetzlich verankerte Qualitätskontrolle in der psychotherapeutischen und psychosozialen Versorgung zunehmende Bedeutung (Laireiter u. Vogel, 1997). Diese Entwicklung wird zwar zunächst vielfach als unliebsame Drucksituation empfunden, sie erscheint aber in ihren Konsequenzen als durchaus begrüßenswert (vgl. hierzu u. a. Winter, 1996). So ist es positiv zu bewerten, daß therapeutische Verfahren, Versorgungsbereiche und Ausbildungsgänge im Wettbewerb ihr Profil schärfen und ihre Leistungen für den Vergleich transparent machen müssen. Dies alles wird sich auf die Professionalisierung im klinisch-psychologischen Feld langfristig günstig auswirken. Die Klinische Psychologie hat hier aufgrund ihres Aufgabenschwerpunkts in der Psychotherapieforschung durch ihre Impulse und empirischen Befunde immer schon zur Qualitätssicherung in der Gesundheitsversorgung maßgeblich beigetragen (Richter, 1994).

In der Diskussion zu dieser Thematik wird unterschieden zwischen strukturellen, prozeduralen und ergebnisbezogenen *Qualitätsaspekten,* auf die sich qualitätssichernde und -überwachende Maßnahmen beziehen können (Schulte 1993; Grawe und Braun, 1994).

1. *Strukturqualität* betrifft die personelle und materielle Ausstattung und die Organisation von Einrichtungen. Auch Zusammensetzung und Qualifikation der Mitarbeiterschaft werden hier einbezogen.
2. *Prozeßqualität* bedeutet die Qualität der im Behandlungsverlauf angewendeten diagnostischen und therapeutischen Verfahren.
3. *Ergebnisqualität* schließlich bezieht sich auf die erzielten Behandlungsresultate und auf den Therapieerfolg. An ihr müssen sich letztlich alle anderen Qualitätsaspekte orientieren.

Die Überprüfung der genannten Aspekte erfolgt im sogenannten *Qualitätsmanagement* oder auch TQM (total quality management). Dieses setzt inhaltliche Kriterien voraus, an denen sich die Güte der Versorgung bestimmen läßt, und auch Methoden, mit denen sich Therapieprozeßmerkmale und -ergebnisse messen las-

sen. Psychotherapeutische Erfolgsnormen und auch entsprechende Meßmethoden werden in Forschung, Lehre und Praxis momentan mit unterschiedlichem Einsatz und Verbindlichkeitsanspruch entwickelt (vgl. u. a. Greve, 1993; Schulte, 1993). Eine wichtige Rolle spielen in diesem Zusammenhang Konzepte und Verfahren der Qualitätssicherung, die ursprünglich für die Bereiche der Industrie und des Handels entwickelt wurden, und die sich in weltweit anerkannten Qualitätsstandards niederschlagen – der Normenreihe DIN ISO 9000 ff –, die inzwischen als Ordnungssystem auch auf Dienstleistungssektoren wie psychotherapeutische Versorgungseinrichtungen und -tätigkeiten übertragen werden. Sie benennen Anforderungen an die externe Bewertung und Nachprüfung von Qualitätselementen, die sich auf die Erreichung definierter Ziele beziehen, wie im Therapiebereich etwa Symptomreduktion, Dauerhaftigkeit des Therapieerfolgs, Güte eingesetzter diagnostischer und therapeutischer Verfahren, Vertretbarkeit des Behandlungszeitraums, Qualifikation des Therapeuten, Einhaltung berufsethischer Prinzipien, kundenorientierte Rahmenbedingungen. Bei Bertelsmann et al. (1996) finden sich nähere Ausführungen zur Bestimmung von Qualitätselementen im Hinblick auf die therapeutische Praxis sowie zur Einführung eines Qualitätsmanagement-Systems.
Unabdingbare Voraussetzung zur Sicherung und Verbesserung der Prozeß- und Ergebnisqualität ist die Herstellung von Transparenz durch eine zufriedenstellend standardisierte diagnostisch-therapeutische *Dokumentation* (vgl. Schulte, 1993; Laireiter, 1994; Laireiter et al., 1996). Diese umfaßt

- die Ausgangsbedingungen
- den Therapieverlauf und
- die Therapieergebnisse, die sowohl unmittelbar nach Ende der Interventionen als auch längere Zeit danach erhoben werden sollten (z. B. Frank u. Fiegenbaum, 1994).

Die Daten, die vor und nach der Therapie erfaßt werden und damit Auskunft über Struktur und Ergebnisse abgeben, werden auch mit dem Oberbegriff *Strukturdokumentation* bezeichnet, während die Informationen aus dem Verlauf der Therapie von der ersten bis zur letzten Sitzung die *Verlaufsdokumentation* darstellen. Zur Vereinheitlichung der Dokumentationssysteme im ambulanten und stationären Feld werden derzeit Vorschläge zu sog. *Basisdokumentationen* vorgestellt, deren Vorteil in verbesserten Kommunikations-

und Vergleichsmöglichkeiten liegt, und in denen konkrete Vorgaben für die zu erhebenden Daten enthalten sind.
Die Durchführung von Maßnahmen zur Qualitätssicherung kann auch unmittelbar für den Therapieprozeß von Nutzen sein, indem die gewonnenen Informationen und Meßergebnisse - auch in graphischer Form - als Rückmeldung für Therapeut und Klient über den Therapieverlauf und über hinderliche und förderliche Bedingungen dienen und so zu Zwischenbilanzen und Korrekturen anregen (vgl. Grawe und Braun, 1994; Braun 1997). Nicht zuletzt kann dieses Feedback über bereits erreichte Fortschritte auf alle Beteiligten verstärkend wirken.

6.2 Qualitätssicherung und Supervision

Neben der Erhebung von quantifizierbaren Erfolgs- und Verlaufsdaten einer Therapie dient auch die professionelle Supervision der Qualitätssicherung psychotherapeutischer Tätigkeit. Im folgenden Abschnitt wollen wir daher auf spezielle Aspekte in der Supervision im Kontext problemorientierter Therapien eingehen.
Das Phasenmodell des Problemlösens bietet auch in der Supervisionsarbeit ein geeignetes Rahmenmodell zur Strukturierung des Vorgehens. Als erstes gilt es, den Gegenstand der Supervision genauer zu definieren, also das Anliegen, das mit dem Supervisor bearbeitet werden soll. Ähnlich wie bei der Definition der Probleme des Klienten kann dies in Form von Ist-Soll-Diskrepanzen oder in einfachen Sätzen wie »Ich bin unzufrieden damit, daß ich« aus der Sicht des Therapeuten möglichst konkret und verhaltensnah geschehen.

Z. B.: »Ich bin unzufrieden damit, daß ich den Klienten nicht zu durchgängigen Hausaufgaben motivieren kann.« »Ich bin unzufrieden damit, daß ich immer wieder auf die Bestätigungsbedürfnisse meiner Klientin eingehe.« »Ich frage mich, warum mich das klagende Verhalten meiner depressiven Klientin so aufbringt und ungeduldig macht.« »Ich möchte gern am Körperschema der Klientin arbeiten, weiß aber nicht recht, wie.« »Ich bin unzufrieden damit, daß alle unsere Gespräche so oberflächlich bleiben. Stimmt das, woran kann das liegen?«

Die vom Therapeuten genannten Anliegen und Probleme können folgendermaßen systematisiert werden:

a) Im Mittelpunkt stehen die *methodischen Probleme* des Therapeuten mit den Störungen und Schwierigkeiten des Klienten. Hier hilft eine Standortbestimmung im Problemlöseprozeß: In welcher Phase des Prozesses befindet sich die Therapie? Muß evtl. zu einer früheren Phase zurückgegangen werden? Mit welchen konkreten Schritten sollte fortgefahren werden? Aufgabe des Supervisors ist es hier, durch Strukturierungshilfen Wissen und Handlungspläne des Therapeuten neu zu ordnen und ggf. zu erweitern. Stehen dem Therapeuten bestimmte Mittel oder Handlungskompetenzen (noch) nicht zur Verfügung, kann es notwendig werden, sich um deren Erwerb aktiv zu bemühen.
Die unter diesem Abschnitt genannten Fragen und Hilfestellungen sind häufig in der ersten Phase der Weiterbildung und zu Beginn einer Fallkonzeption Gegenstand der Supervisionsbesprechung.

b) Es handelt sich um ein *Beziehungsproblem* zwischen Therapeut und Klient, welches die gemeinsame therapeutische Arbeit beeinträchtigt. Das Problemlösemodell bietet auch hier einen Rahmen für die Bearbeitung, besonders in der Analyse der interaktionellen Regeln und Pläne von Therapeut und Klient. Hilfreich ist hier auch, Wahrnehmungen und Einschätzungen anderer Personen - z. B. anderer Teilnehmer der Supervisionsgruppe und die des Supervisors - einzuholen und zu berücksichtigen.

c) Im Verlauf des Supervisionsgespräches kann sich auch herausstellen, daß es hauptsächlich *intrapsychische Probleme* des Therapeuten sind, die bei ihm - evtl. durch die Arbeit mit dem Problem des Klienten oder durch spezifische Interaktionsmuster in der Beziehung zum Klienten - virulent werden und entsprechend den Therapieprozeß beeinflussen. Oft genügt es, durch eine Problemdefinition herauszuarbeiten, welches »Thema« hier wieder aktualisiert worden ist, so daß der Therapeut in die Lage versetzt wird, selbständig weiterzuarbeiten.

d) Die Störung der therapeutischen Arbeit resultiert aus *institutionellen Bedingungen* oder Problemen im Team. Auch hier erweist sich nach unserer Erfahrung ein systematisches Durchlaufen des Problemlöseprozesses als hilfreich, und es schützt vor voreiligen Schuldzuschreibungen. Die Sichtweisen aller Beteiligten zu Einflußfaktoren und zu Veränderungszielen und -möglichkeiten müssen abgeklärt werden; besonderes Gewicht ist hier auf die Analyse von institutionellen Strukturen und Systemregeln (vgl. Kap. 2.3) zu legen.

In der Aus- und Weiterbildung dient die Supervision auch der Überwachung und Kontrolle der therapeutischen Tätigkeit, also der Frage, ob »lege artis« gearbeitet wird. Damit sind nicht nur Anliegen der Supervisanden Ausgangspunkt der Supervision, sondern auch allein vom Supervisor wahrgenommene Schwierigkeiten und Auffälligkeiten und von ihm definierte Ziele. Besonders hier, aber auch in allen anderen Supervisionszusammenhängen sind Video- und Tonkassettenmitschnitte für den Austausch nützlich und zur Verobjektivierung der Eindrücke unabdingbar. Als Voraussetzung ist es notwendig, beidseitig Vertrauen und Akzeptanz aufzubauen, und die Aufnahmebereitschaft auch für kritische Rückmeldungen durch das Einhalten allgemeingültiger Feedbackregeln zu fördern. Regelmäßiges Bilanzieren des Entwicklungsstandes des Therapeuten in größeren Zeitabständen, welches seine Stärken und Schwächen, seine persönlichen Lernziele und seine Weiterentwicklung umfaßt, macht es dem Supervisanden leichter, sich auch mit seinen Schwächen zur Diskussion zu stellen.
Frank (1997, siehe auch Hogan, 1964) unterscheidet in diesem Zusammenhang verschiedene Entwicklungsstufen bei Supervisanden in der Aus- und Weiterbildung. Während anfangs methodische Anliegen im Mittelpunkt stehen, verlagert sich der Schwerpunkt zunehmend auf eine kollegiale Klärung bei der Entwicklung einer professionellen Identität in der therapeutischen Beziehung. Dies bedeutet, daß der Supervisor zunächst eher aus der Rolle des »Lehrers« darauf achtet, wie Supervisanden ihre Kenntnisse in therapeutisches Handeln umsetzen. Im Laufe der Zeit wird er dann mehr und mehr zum kollegialen Berater.

Abschließend noch einige Hinweise zum Vorgehen: Die direkte »Life«-Supervision kann sich in folgende zeitlich aufeinanderfolgende Schritte untergliedern, die insgesamt zwischen 45 und max. 90 Minuten dauern können:

Vor der Therapiesitzung:	Orientieren über Stand der Therapie, Sitzungsziele und Supervisionswünsche
	↓
Während der Therapiesitzung:	Beobachten (Mitschau)
	↓
Unmittelbar nach der Therapiesitzung:	Sortieren und Gewichten der Beobachtungen
	↓
Während der Supervisionssitzung:	Entlasten des Supervisanden
	↓
	Sammeln von Supervisandeneindrücken und -wünschen
	↓
	Gesamteindruck rückmelden durch den Supervisor
	↓
	Gemeinsames Festlegen von Supervisionsthemen
	↓
	Bearbeiten der Supervisionsthemen
	↓
	Rückmelden weiterer wichtiger Beobachtungen durch den Supervisor
	↓
	Zusammenfassen der Supervisionsergebnisse durch den Supervisanden
	↓
	Festhalten von Arbeitsaufträgen

Für die in der Postgraduierten-Ausbildung verbreitete »zusammenfassende« Supervision gilt es, die oben aufgeführten Schritte an die meist sehr knapp bemessene Zeit anzupassen, wobei eine zügige Festlegung von Supervisionsthemen bzw. Arbeitsfragen notwendig ist.

Viel Vergnügen und gutes Gelingen . . .

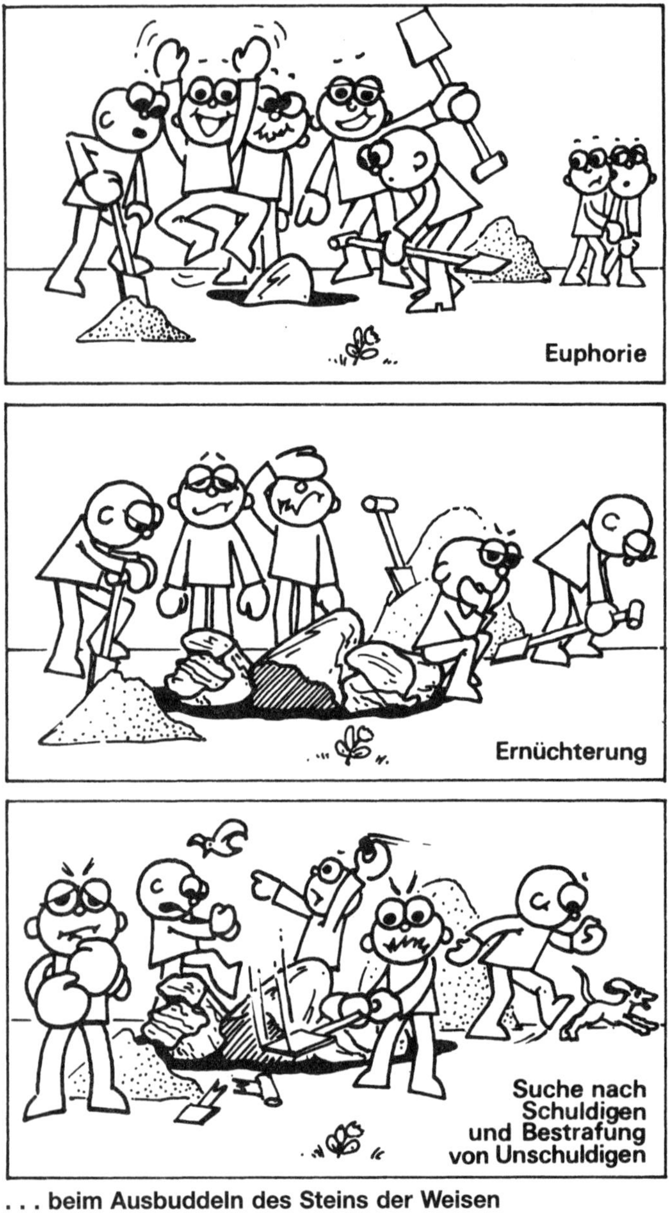

. . . beim Ausbuddeln des Steins der Weisen

Verriß durch Unsachkundige

Resignation

Rückkehr zum Machbaren

III. Kurzfassung des Leitfadens: Problemanalyse im therapeutischen Prozeß

1. Problemstellung

1.1 Erste Orientierung über die Problematik	Bestandsaufnahme der aktuellen Probleme	– Gründe bzw. Anlaß für die Anmeldung – Eigen- oder Fremdinitiative – vorherrschende Probleme, Beschwerden, Beeinträchtigungen aus der Sicht der Beteiligten – vorläufige Klärung von Bedingungen der Zusammenarbeit
	Basisdokumentation	– soziale, materielle und berufliche Situation – medizinische Befunde und Vorbehandlungen – psychologische Befunde und Vorbehandlungen – Einsatz von Fragebögen und Tests
	Zusammenfassung der bisher verfügbaren relevanten Informationen zum Klienten und seinen Problemen	– persönliche Entwicklung – wichtigste biografische Ereignisse – familiärer Hintergrund – Zusammenstellung der Ist-Soll-Diskrepanzen: »Klient ist unzufrieden damit, daß er . . .« »Klient möchte erreichen, daß er . . .«
1.2 Konzeptualisierung	Erste Strukturierung und Abgrenzung der Problembereiche	Qualität der Problembeschreibung Problem akut oder chronisch Struktur der Problemkonstellation zu diesem Zeitpunkt: – einziges, umschriebenes Problem

	– mehrere abgrenzbare Probleme nebeneinander – Problem Resultat eines oder mehrerer vorgeordneter Probleme – Beeinträchtigung des Klienten weitreichender als zunächst angenommen – Ausmaß der Beeinträchtigung des Klienten – Einschätzung des Verhältnisses der Probleme zueinander
Diagnose- und Indikationsstellung	– standardisiertes klinisches Interview zur Störungserhebung (z. B. SKID, DIPS) – Diagnose nach DSM oder ICD
Auswahl eines Problems	Orientierungskriterien: – subjektive Beeinträchtigung und Belastung des Klienten – äußerer Druck und mögliche negative Folgen eines Aufschubs – Erfolgsaussichten; evtl. Motivationsförderung durch Anfangserfolge – Realisierbarkeit einer Therapie zum jetzigen Zeitpunkt und deren zeitliche Dauer – Grad der Angstbesetztheit – funktionale Vor- bzw. Übergeordnetheit eines Problems (sog. »Kernproblem«); entspr. Generalisierungsmöglichkeiten
Definition des Problems, Reflexion unterschiedlicher Sichtweisen	Gemeinsame Problemdefinition Lösung bestimmter aktueller Probleme oder Verbesserung allgemeiner Problemlösefähigkeiten im Vordergrund Einbeziehung und Abwägung der Sichtweisen aller Beteiligten – Einstellungen zur Existenz psychischer Probleme – Annahmen über Entstehung und Veränderbarkeit

		- Selbsteinschätzung eigener Handlungsmöglichkeiten Vorläufige Indikationsstellung Vereinbarungen über Rahmenbedingungen der therapeutischen Zusammenarbeit, ggf. Einführung des Klienten in das Konzept

2. Analyse der Problemlage

2.1 Ebene des Verhaltens-in-Situationen (V-i-S)	Auswahl und Charakterisierung des zu analysierenden Verhaltens	Auswahl eines typischen, zu erklärenden Problemverhaltens Charakteristika: - Intensität - Frequenz - Verlauf
	Funktionales Bedingungsmodell	Analyse von Verhaltenssequenzen anhand der Bestimmungsstücke: **Situation** überdauernde bzw. akute interne bzw. externe Vorbedingungen und Ereignisse: - problemrelevante kritische Situationen bzw. Anforderungen - räumliche, zeitliche, materielle Bedingungen (setting) - Verhalten anderer Personen - eigenes Verhalten - Stimmung, Bedürfnislage des Handelnden - überdauernde und/oder aktuelle Bedingungen des körperlichen Befindens - Vorstellungen, Gedanken und Vorhaben

Wahrnehmungsprozeß
Orientieren
Aufnehmen und Kodieren von Informationen

Innere Verarbeitung
Interpretation der Situation
Kausalattribuierung, Bedeutungszuschreibung, Erwartungen, Schlußfolgerungen

Bewertung der Situation
in bezug auf eigene Bedürfnisse, Ziele, Ansprüche; persönlicher Bedeutungsgehalt der aktuellen Situation (Vergleichsprozeß zwischen Ist und Soll)

Handlungsvorbereitung
- Wünsche, eigene und fremde Standards, Ziele bzw. Konflikte zwischen den genannten Komponenten
- Strategien/Handlungspläne
- Selbstwirksamkeitseinschätzungen, d. h. Einschätzung der eigenen Kompetenz und möglicher Konsequenzen (Effizienz)
- Entscheidung und Selbstmotivierung (z. B. durch Selbstinstruktionen)

Handeln/Erleben
V_m – motorische Modalität, beobachtbare Verhaltensäußerung
V_e – emotionale Modalität, subjektives Erleben und Fühlen
V_k – kognitive Modalität, Gedanken und bildhafte Vorstellungen
V_{ph} – physiologische Modalität, körperliche Reaktionen und Körperempfindungen

			Konsequenzen – Zeitpunkt: kurzfristig/langfristig (K_k/K_l) – Entstehungsort: extern/intern (K_e/K_i) – Qualität: Entstehen bzw. Wegfall positiver oder negativer Konsequenzen ($K+$, $K-$, $\not{K}+$, $\not{K}-$) Strukturierung der Informationen in Form zeitlich gegliederter Verhaltenssequenzen Analyse der Kontingenzen Unterscheidung verhaltenserleichternder bzw. -erschwerender Bedingungen
		Klassifikation des problematischen Verhaltens	– Verhalten, das durch die vorausgehenden und vermittelnden Bedingungen gesteuert wird (S, WP, IV) – Verhalten, das vor allem durch die Konsequenzen gesteuert wird (K) – Verhalten, das durch Modellwirkung gesteuert wird – Verhalten, das durch Einschränkung des Wissens- oder Verhaltensrepertoires bedingt ist
2.2	Ebene der Regeln und Pläne	Betrachtung übergreifender Komponenten der Handlungssteuerung	– transsituative Konsistenzen – instrumenteller Stellenwert des Verhaltens für übergeordnete Bedürfnisse – identifizierbare Ziel-Strategie-Komplexe

Erschließen von Regeln und Plänen	Vorgehen bei der Analyse - von unten nach oben (»... um zu ...«) - von oben nach unten (»... indem ...«) Leitfragen: - Welche Reaktionen und Reaktionstendenzen löst der Klient beim Therapeuten und anderen aus? - Welche zwischenmenschlichen Verhaltensweisen scheint der Klient beim Therapeuten und anderen erreichen bzw. verhindern zu wollen? - Welche interaktionellen Strategien fallen auf? Formulierung der Pläne im Imperativ
Erstellung einer Planstruktur	Veranschaulichung relevanter Ziel-Mittel-Relationen Auswertung mit Fragen wie: - Welchen übergeordneten Zielen dient das Verhalten? Welchen Zielen dienen diese ihrerseits als Mittel? - Wie groß ist der Geltungsbereich eines Plans? Welche Verhaltensbereiche werden von ihm abgedeckt? - Auf welche Weise realisiert das Individuum für die Problematik relevante Ziele? - Läßt sich das konkrete Verhalten in verschiedenen Situationen auf einen gemeinsamen Plan zurückführen? - Inwiefern stellt das Verhalten einen Kompromiß zwischen verschiedenen Plänen dar? Wie schafft es die Person, verschiedene Pläne in einem Verhalten zu integrieren? - Durch welche Pläne wird gewünschtes, jedoch nicht gezeigtes Verhalten blockiert?

		- Welche Pläne stehen im Konflikt miteinander? Gibt es einen dominanten Plan, der erwünschtes Verhalten in verschiedenen Bereichen blockiert?
	Beurteilung von Regeln und Plänen	Kriterien - Bewußtheit und Transparenz - Rationalität, Realismus - Widerspruchsfreiheit - sinnvolle Ableitung - Effizienz (Nebeneffekte) - Verhaltenskompetenzen zur Zielerreichung
2.3 Ebene der Systemregeln	Erhebung und Charakterisierung von Systemstruktur und Systemregeln	- Zugehörigkeit des Klienten zu welchen Systemen und Subsystemen - typische wiederkehrende Bedingungen und Beziehungsmuster im sozialen Umfeld des Klienten - implizite oder explizite Systemregeln - Geltungsbereich und Konflikte - Verhältnis individueller Bedürfnisse zu Systemregeln
	Systemdynamik	Auswertung: - Beurteilung der Systemregeln entsprechend den Kriterien zur Beurteilung von Regeln und Plänen - Problemstabilisierung durch das System? - Systemstabilisierung durch das Problem? - problemrelevante Entwicklungen und Trends - Veränderungsmöglichkeiten

2.4	Entstehung und Ausformung des Problems	Informationen zur Entwicklung des Problems: biographische Daten	Ggf. biographische Informationen in einer Zeittafel ordnen
		Beginn des Problems	– erstes Auftreten bzw. problembezogener Ausgangspunkt – Analyse der Umstände entsprechend den Angaben zu den Punkten 2.1 bis 2.3.
		Weiterentwicklung des Problems	– Verbesserungen, Verschlechterungen in der Folgezeit, Konsequenzen unveränderten Weiterbestehens – Umstände und Voraussetzungen dafür – Reaktionen der Beteiligten, Erklärungen, Bewertungen und Bewältigungsversuche – Motivationsveränderungen
		Erklärungen für die Entstehung des Problems	– Hypothesen zum funktionalen Bedingungsmodell für das erste Auftreten – Analyse der Lerngeschichte – Betrachtung der Problementwicklung als Folge fehlgeschlagener Lösungsversuche – Bewertung der Qualität eingesetzter Bewältigungsstrategien für die Problemlösung
2.5	Diagnostische Hinweise aus der Therapeut-Klient-Beziehung		– Beurteilung der bisherigen Funktionen der therapeutischen Kontakte – problemrelevantes Verhalten in den therapeutischen Interaktionen – zusätzliche Auffälligkeiten

			– läßt sich der Therapeut unbemerkt in problemrelevante Interaktionsmuster des Klienten hineinziehen? – Welche Veränderungen der Therapeut-Klient-Beziehung sind notwendig?
2.6	Schlußfolgerungen aus der bisherigen Analyse für Diagnose, Zielanalyse und Veränderungsplanung	Gewichtung der bisherigen Hypothesen	– Schlußfolgerungen aus der Analyse der aktuellen Problemlage – Schlußfolgerungen aus der Analyse der Problementwicklung – typische Verhaltensweisen des Klienten im Umgang mit Problemen: Problemlösefähigkeiten und -defizite
		Positive Seiten und Ansätze zur Problemlösung	– Kompetenzen und Stärken – problemfreie Lebensbereiche – Betrachtung der Störung als Lösungsversuch – bisherige und gegenwärtige aktive Lösungsversuche
		Gesamtbetrachtung der Probleme und ihrer Zusammenhänge	– Veränderung in Problemdefinition oder -konstellation – Wie mit den noch nicht analysierten Problemen weiterverfahren (zunächst zurückstellen oder ebenfalls bis zu diesem Punkt bearbeiten)? – Gibt es zwischen den verschiedenen Problemen, wie sie sich zum jetzigen Zeitpunkt voneinander abgrenzen lassen, genetische bzw. aktuelle Zusammenhänge? – Welcher Art sind die Zusammenhänge? – Entstehung zur gleichen Zeit oder unter vergleichbaren Bedingungen? – Ähnlichkeiten in der weiteren Ausformung? – Ist ein Problem Voraussetzung für die Entstehung des anderen?

		- Gemeinsame übergeordnete Pläne? - Ableitung aus einer übergeordneten Systemregel? - Sind mehrere Probleme auf die gleichen ungünstigen Problemlösestrategien zurückzuführen?
3. Zielanalyse		
3.1 Veränderungsvoraussetzungen	Bewertung des derzeitigen Zustandes durch alle Beteiligten	- Belastungen und Einschränkungen durch das Problem - möglicher »Krankheitsgewinn« - zufriedenstellende Lebensbereiche als Ressourcen - Rückgriff auf erfolgreiche Problemlösefähigkeiten
	Motivationen und Erwartungen bzgl. des Veränderungsprozesses bei den Beteiligten	- Besteht ernsthafter Veränderungswunsch? Art und Stärke? - Erwartungen an Veränderungsmöglichkeiten, -fähigkeiten, -resultate - Erwartungen an Therapie (Form, Zeit, Interaktion, Einfluß früherer Therapieversuche)
	Fördernde und hemmende Faktoren der sozialen und materiellen Umwelt	Soziale und materielle Bedingungen in der Umwelt des Klienten - gezielter Rückgriff auf förderliche Faktoren möglich? - gezielte Abschwächung hemmender Faktoren möglich?
3.2 Zielbestimmung	Zielvorstellungen bei allen Beteiligten	Lösungsvorstellungen: - Ziele für den Zustand bzw. die Fähigkeiten der Beteiligten nach dem therapeutischen Veränderungsprozeß - »endgültige Lösung« oder Teil»lösung« der Problematik oder Steigerung der Problemlösefähigkeiten

		- erwartete positive und negative Folgen der Zielerreichung - Gemeinsamkeiten und Unterschiede in den Sichtweisen - bei Differenzen Thematisierung impliziter und expliziter zugrundeliegender Normen - Überlegungen zur Aufhebung von Differenzen
	Bestimmung von Zielen und Zwischenzielen	Kriterien für die Zieldefinition - Zielverhalten soll vom Klienten selbst ausführbar sein - positive Formulierung - konkrete und situationsspezifische Operationalisierung von Teilzielen - zeitliche Abfolge von Fern-, Zwischen- und Nahzielen Vereinbarung einer gemeinsamen Zielsetzung für die erste Therapiephase
3.3 Die Therapeut-Klient-Beziehung und ihre Bedeutung für den Veränderungsprozeß	Formale und personenspezifische Voraussetzungen	Formale Voraussetzungen - Wie wurde die therapeutische Beziehung eingegangen (von wem initiiert?), Freiheitsgrade - Auswirkungen der institutionellen Rahmenbedingungen auf die Art der Zusammenarbeit Unterschiede und Gemeinsamkeiten in personenspezifischen Voraussetzungen: - Alter, Geschlecht, soziale Schicht bei Therapeut und Klient - persönlicher Erfahrungshintergrund - Voreinstellungen - Kompetenzen und persönliche Betroffenheit des Therapeuten in bezug auf die betreffende Symptomatik

	Interaktionsverhalten und Beziehungsstruktur	Aspekte zur Beurteilung der Therapeut-Klient-Beziehung: - interpersonale Anziehungskraft - kommunikative Effektivität - Ähnlichkeit in den Werthaltungen - Ambiguität im Verhalten Ggf. Metakommunikation zwischen Therapeut und Klient; Selbstreflexion des Therapeuten in bezug auf sein Interaktionsverhalten
4. Suchen, Bewerten und Auswählen von Lösungsalternativen		Ggf. vorweg Informationen über empirisch abgesicherte störungsspezifische Behandlungsverfahren einholen
4.1 Diskussion und Auswahl von Ansatzpunkten einer Veränderung	Auswahl der Person	Veränderungsanspruch an - Klient/Klienten - andere Beteiligte
	Auswahl der Ansatzpunkte	Hypothesengeleitete Auswahl von Schwerpunkten innerhalb der drei Analyse-Ebenen - Verhalten-in-Situationen (einzelne Bestimmungsstücke) - Regeln und Pläne - Systemregeln Bei mehreren Ansatzpunkten - parallele oder sukzessive Bearbeitung?
4.2 Diskussion und Auswahl von Veränderungsprinzipien	Auswahl der Veränderungsprinzipien	Für jeden Ansatzpunkt - stringente Ableitung von Veränderungsprinzipien in Umkehrung der angenommenen aktuellen verhaltenssteuernden Prinzipien

			Schlußfolgerungen für – Anforderungen an Therapeut-Klient-Beziehung – Motivierung des Klienten – spezifische therapeutische Kompetenzen (ggf. Erweiterung) Vermittlung des gewählten Therapiekonzeptes, ggf. gemeinsames Erarbeiten, Sorgen für »compliance«
4.3	Konkretisierung der Veränderungsprinzipien	Umsetzen in konkrete Handlungsschritte	Verschränkung individuell zugeschnittener Therapieplanung mit bewährten Standardtechniken – zunehmende Operationalisierung der Zielvorstellungen und Veränderungsprinzipien – evtl. »Brainstorming« zur Suche neuer Lösungsstrategien
		Zeitliche Abfolge der Interventionsschritte	Gesamtbehandlungsplan – zeitliche Planung: Behandlungsfrequenz, Sitzungsdauer, geschätzte Gesamtdauer – Kombination und Abfolge der Interventionen – Festlegung der Reihenfolge der Einzelschritte – verbindliche, gegenseitige Vereinbarungen zum Vorgehen (ggf. Kontrakte) – Absprachen nach mittelfristigen Zeitabschnitten einplanen
		Konkrete Vorbereitung der jeweils anstehenden Therapiephase	– Abstecken eines überschaubaren Zeitraums für mittelfristige Veränderungsplanung – Sorgen für Anfangserfolge – Vorbereiten auf Veränderungsfolgen – wiederholte Verdeutlichung des Zusammenhangs zwischen Zielsetzung und Veränderungsprinzip

5. Erprobung und Bewertung der Veränderungsschritte

5.1	Konkrete Erfahrungen mit neuen Strategien	Praktische Erprobung und Experimentieren mit neuen Strategien	- Gespräche, Übungen im therapeutischen Setting - therapeutische »Hausaufgaben« zwischen den Sitzungen - Auswertung der Erfahrungen: Qualität der gewählten Strategien für angestrebte Ziele, ggf. Korrekturen
5.2	Methoden zur Erfassung von Veränderungen	Reflexion und Rückmeldung	Qualitative Beurteilung der Veränderungen durch Rückmeldung
		Erfassen quantifizierbarer Veränderungen	Kontrollmessungen: - Erfolgskriterien (operationale Definition) - Zeitpunkte - Instrumente - Informationsquellen
5.3	Bewertung des Veränderungsprozesses	Zwischenbilanzen	Kurzbilanz nach jeder Sitzung Gemeinsame Zwischenbilanzen nach größeren Abständen: - Stand der Therapie (Veränderungen) - Effizienz verschiedener Vorgehensweisen - Klärung förderlicher und hinderlicher Bedingungen der therapeutischen Interaktion - mögliche Veränderungen der Ausgangsvoraussetzungen, Abweichungen von geplanten Schritten (Gründe), neue Ziele - Bedingungen für Stagnationen - Analyse von Widerständen und ggf. Metakommunikation und/oder Supervision

5.4	Beendigung der Therapie	Vorbereitung auf Trennung und Selbständigkeit	– Stabilisierung erreichter Erfolge – Unterstützung von Generalisierungsprozessen – Überlegungen für Zeitpunkt eines Abschlusses – »Ausschleichen« der therapeutischen Unterstützung – Rückfallprävention – Abschlußdokumentation – Katamnese-Termin

IV. Therapiebeispiele zur Anwendung des Leitfadens

Vorbemerkung zu den Falldarstellungen:
Die im folgenden Teil dieses Buches beschriebenen klinischen Fallbeispiele wurden mit dem Ziel ausgewählt, therapeutische Vorgehensweisen nach dem Problemlösemodell in möglichst vielen Teilen des Planungs- und Veränderungsprozesses beispielhaft zu illustrieren. Im ersten Fall wird gezeigt, wie auf der Basis der Informationen aus der Exploration Problemanalyse und Therapieplanung erstellt werden können. Im zweiten Beispiel wird der Verlauf einer problemorientierten Therapie geschildert.
Intensität und zeitlicher Aufwand der therapeutischen Aktivität und Steuerung sind hier allerdings relativ hoch und in beiden Fällen bedingt durch die Art der Problematik: Die Bewältigung starker Ängste bzw. Spannungsgefühle in Verbindung mit ausgeprägtem Flucht- und Vermeidungsverhalten sowie die erhebliche subjektive Belastung und zeitliche Dringlichkeit erfordern ein hohes Ausmaß an Strukturierung und Fremdkontrolle. In vielen anderen Therapien sind die Ziele offener, und es steht mehr Zeit zur Verfügung, so daß der Therapeut beim Klienten mehr eigenständige Mitarbeit in allen Prozeßphasen voraussetzen und seinen Einsatz entsprechend von vornherein deutlicher begrenzen kann. In jedem Fall gilt es, das Prinzip »Therapie als Hilfe zur Selbsthilfe« zu verwirklichen, also von anfangs stärkerer Fremdkontrolle zu immer größerer Selbstkontrolle fortzuschreiten (Fiedler, 1981).

Frau T. – »Zu allem bereit?«

Die folgende Falldarstellung* der Klientin Frau T. soll das Vorgehen bei Problemanalyse und Therapieplanung im Sinne des vorgeschlagenen Leitfadens illustrieren. Wir fassen zunächst die wesentlichen Informationen aus den ersten beiden Explorationsgesprächen als Orientierung über die Problematik zusammen (vgl. 1.1). Diese war Grundlage für die folgende problemorientierte Auswertung (ab 1.2).

1. Problemstellung

1.1 Erste Orientierung über die Problematik

Frau T. ist 29 Jahre alt und hat vor eineinhalb Jahren nach ihrem Lehramtsstudium und kurzer Berufstätigkeit als Lehrerin eine Ausbildung zur Krankenschwester begonnen. Seit etwa einem Jahr ist sie mit einem sechs Jahre jüngeren Mann befreundet, einem ehemaligen Patienten, den sie im Krankenhaus kennengelernt hat. Sie wohnt allein in einer kleinen Zwei-Zimmer-Wohnung in unmittelbarer Nähe des Krankenhauses.

Frau T. sucht die Beratungsstelle aus eigenem Antrieb auf. Sie wirkt auf den Therapeuten sehr verhalten, vorsichtig und mißtrauisch. Nachdem sie sich beim Betreten des Raumes zunächst sorgfältig und prüfend umgesehen hat, wählt sie erst nach längerem Zögern ihren Platz. Ihren Mantel, den sie nicht an der Garderobe ablegen wollte, breitet sie so über ihrem Stuhl aus, daß sie Sitzfläche und Rückenlehne nicht direkt berühren muß.

Bevor sie inhaltlich auf ihr Anliegen zu sprechen kommt, fragt sie mehrfach nach, ob auch niemand mithören kann. Während des gesamten Gesprächs wirkt sie sehr unruhig, zugleich aber kontrolliert. Sie erwähnt mehrfach, daß sie auch hier das Gefühl nicht loswerde, von ihrer Umwelt beobachtet zu werden. Über ihre Angst und Hilflosigkeit spricht sie dabei eher unbeteiligt, in sachli-

* Wir danken unseren Kollegen G. Obijon und C. Soggeberg für ihre Unterstützung bei der Ausarbeitung dieser Fallbeschreibung.

chem und distanziertem Tonfall. Nur an einer Stelle des Gesprächs wird ihre Betroffenheit deutlich, als sie für einige Augenblicke zu weinen beginnt. Es geht dabei um die Beziehung zu ihrem Freund, der vor wenigen Tagen gemeint hat, so gehe es nicht mehr weiter. Dies habe den letzten Ausschlag dafür gegeben, daß sie in die Beratungsstelle gekommen sei, um »Hilfe bei psychologischen Spezialisten« zu suchen.

Auf näheres Nachfragen berichtet Frau T., sie habe Bakterien- und Infektionsangst. Unter solchen Ängsten leide sie schon, seit sie denken könne; sie seien jedoch in den letzten Monaten erheblich stärker geworden und hätten mittlerweile ein derartiges Ausmaß angenommen, daß die Gefahr bestehe, daß sie ihre Ausbildung abbrechen müsse. Sie habe insbesondere Angst vor jeglicher Berührung - sowohl mit Menschen als auch mit Dingen. Sie könne zum Beispiel kaum noch einkaufen oder ein Telefon benutzen, zu dem auch andere Zugang haben. Wenn sie an irgendjemandem oder irgendetwas dichter vorbeigehen müsse, habe sie ständig Angst, sie werde berührt oder berühre selbst etwas, und fühle sich noch Stunden später unbehaglich.

Die Situation im Krankenhaus erlebt sie als besonders schlimm. Ursprünglich hatte sie gehofft, in diesem Arbeitsbereich endlich einmal mehr Ruhe zu finden, weil dort ja zwangsläufig auf Sauberkeit und Sterilität geachtet werden müsse. Inzwischen merke sie immer wieder, wie stark ihre »Angst vor Infizierung und die innere Abwehr gegenüber allem dort« ist. Oft könne sie ja keine Gummihandschuhe tragen, weil das zu auffallend wäre, und sie könne trotzdem problematischen Berührungen nicht ausweichen: Besonders schlimm seien für sie Dinge, mit denen sie täglich konfrontiert werde, wie die Wäsche der Patienten, deren Ausscheidungen und Blut.

Ihre Ängste - zunehmend aber auch Gefühle von Ekel und »unerträglicher Spannung« - führen sie seit längerem mehr und mehr dazu, daß sie versucht, Arbeiten, die ihr zu gefährlich oder widerwärtig sind, abzuschieben. Sie wasche sich in den letzten Monaten auch immer häufiger die Hände - sie wisse gar nicht wie oft, bestimmt zwischen 50- und 100 mal pro Tag -, wobei sie sich nach Möglichkeit in den Waschraum der Angstellten ihrer Station einschließt. Sie berichtet weiter, daß sie ständig aufpassen müsse, daß nichts passiert. Vor und nach schwierigen Situationen grüble sie oft stundenlang darüber nach. Sie gehe dann die Situation immer wieder in Gedanken durch, dies gebe ihr jedoch auch keine hinreichende Sicherheit.

Auch abends könne sie kaum noch abschalten, da jeden Tag eine Vielzahl von »kritischen Situationen« mit Berührungen oder »Beinahe-Berührungen« vorkomme oder am folgenden Tag etwas Schwieriges auf sie warte. Sie erzähle dann meistens alles erst einmal ihrem Freund, der sie anschließend beruhigen müsse. Das helfe jedoch auch nicht immer, zum Teil, weil er sich in letzter Zeit manchmal weigere, ausführlicher auf ihre Sorgen einzugehen, zum anderen stelle er selbst ja eine potentielle Gefahrenquelle dar, da er ja nicht so gut aufpasse wie sie und deshalb alle möglichen Bakterien auf sie übertragen könne. Aus den genannten Gründen komme es zwischen ihnen zu immer schärferen Auseinandersetzungen, nach denen sie sich vollkommen hilflos und verzweifelt fühle.

In letzter Zeit habe sie sich angewöhnt, nur noch zu ihm zu gehen, »ohne dort zu übernachten«. Wenn sie dann in ihre Wohnung zurückkehre, ziehe sie vor ihrer Tür die Schuhe aus, kleide sich dann vor ihrem Schlafraum vollständig aus und gehe, nachdem sie alle Kleidungsstücke in die Waschmaschine gesteckt habe, unter die Dusche. Das Duschen dauere bestimmt mehr als eine halbe Stunde, wobei sie vor allen Dingen ihre Haare oft und lange waschen müsse, da dort am ehesten Bakterien festsitzen könnten. Erst wenn sie danach endlich in ihrem Bett liege und zumindest an diesem Tag nichts mehr auf sie zukommen könne, lasse ihre allgemeine Anspannung etwas nach.

Zur Verdeutlichung der Problematik schildert Frau T. eine Situation aus der vergangenen Woche, die sie bis heute noch belastet: Vor acht Tagen drückte ihr eine vorgesetzte Kollegin ganz überraschend einige Blutproben in die Hand, die sie schnell zum Labor bringen sollte. In den Wochen vorher hatte sie diese »gefährliche« Arbeit immer vermieden, indem sie die Proben einfach so lange stehen ließ, bis jemand anderes sie mitnahm. Als die Kollegin ihr die Proben gab, trug sie keine Handschuhe. Es ging alles sehr schnell, und sie hatte auch keinen Mut, etwas zu sagen oder die Arbeit abzulehnen. Mit einem sehr unguten Gefühl brachte sie die Proben dann so schnell wie möglich weg. Auf dem Weg zum Labor versuchte sie sich immer wieder selbst zu beruhigen, indem sie sich sagte, daß wahrscheinlich nichts passieren werde. Nachdem sie die Proben abgegeben hatte, eilte sie sofort in den Waschraum und wusch sich sorgfältig die Hände. Dabei entdeckte sie am Zeigefinger der rechten Hand einen kleinen Riß. Ihre Empfindungen und Gedanken in diesem Moment schildert sie so: In Bruchteilen von Sekunden sei ihr der Schreck in die Glieder gefahren, so daß sie fast ohnmächtig geworden sei. Eine panische Angst habe sie ergriffen. Voller Verzweiflung habe sie ihre Hände immer wieder waschen müssen. Dabei sei ihr abwechselnd heiß und kalt geworden. Der immer wiederkehrende Gedanke, daß »es« nun passiert sein könnte, sei mit Schwindel und Ekelgefühlen einhergegangen. Sie habe sich nicht mehr gegen die bedrohliche Vorstellung wehren können, daß nun Bakterien oder Viren von außen in ihren Körper eingedrungen seien und sich dort unkontrolliert ausbreiten würden. Dabei habe sie sich immer wieder selbst Vorwürfe gemacht, daß sie nicht genügend aufgepaßt habe. Es sei ihr nur noch darauf angekommen, alles so schnell wie möglich wieder abzuwaschen. Sie habe wie eine Verrückte ihre Hände mit einer Desinfektionslösung bearbeitet, obwohl sie irgendwie gewußt habe, daß es im Grunde genommen sinnlos und nicht mehr rückgängig zu machen sei. Aber diese Gedanken hätten auch nichts genützt. Mit der Zeit habe ihre Angst dann ein wenig nachgelassen, nicht aber ihre Übelkeit und ihr Ekel, so daß sie sich für den Rest des Tages krankmelden mußte. Zu Hause habe sie anschließend stundenlang gegrübelt. Sie sei die Situation immer wieder in Gedanken durchgegangen, um zu prüfen, ob etwas passiert sein könnte; sie sei dadurch allerdings nicht sicherer geworden. Ständig habe sich ihr die Frage aufgedrängt, was sein würde, wenn sie tatsächlich infiziert wäre. Aber vor lauter Angst und Ekel habe sie keinen Gedanken richtig zu Ende gedacht.

Seither beschäftigt sich Frau T. in täglichen Grübeleien mit dieser Erfahrung. Im Krankenhaus ist sie dadurch noch vorsichtiger geworden, steht deshalb unter noch größerer Anspannung, so daß sie abends total erschöpft ist und trotzdem kaum einschlafen kann.

Sorgen bereiten ihr zunehmend die Reaktionen der Kolleginnen und Kollegen, die langsam mitbekommen, »daß irgendetwas nicht stimmt«. Immer häufiger kommt es wegen der Arbeitsaufteilung und wegen ihres ständigen Fehlens zu Konflikten. Mittlerweile hat sie das Gefühl, daß die anderen hinter ihrem Rücken über sie tuscheln und sie seltsam ansehen, wenn sie sich die Hände waschen geht.

Besonders groß ist ihre Anspannung, wenn sie mit dem Oberarzt der Station zusammenarbeiten muß: Sie müsse dann noch mehr aufpassen, daß nichts passiert, weil dieser sehr unvorsichtig, ja fast schon verantwortungslos sei, da er beispielsweise so gut wie nie Handschuhe trage. Sie müsse dann nicht nur auf sich aufpassen, sondern auch auf ihn und darauf, daß er von ihrer Angst nichts merke.

Als Anstoß für die Ausweitung ihrer Ängste in letzter Zeit schildert Frau T. eine Situation, die etwa 7 Monate zurückliegt: Eine Kollegin, mit der sie viel zusammenarbeitet und mit der sie sich zuvor auch privat getroffen hat, habe am 19. Januar - das Datum wisse sie noch ganz genau - einem Patienten Blut abgenommen. Dabei sei die Spritze zerbrochen, und das ganze Blut sei ihrer Kollegin über den Kittel gelaufen. Sie selbst habe direkt daneben gestanden, und vielleicht habe sogar ihr Kittel den der Kollegin berührt. So sei sie möglicherweise infiziert worden.
Auf die gezielte Nachfrage, ob sie von einer AIDS-Infektion spreche, reagiert Frau T. mit verstärkter Unruhe. Sie bittet darum, das Wort nicht auszusprechen. Denn falls jemand mithöre, werde sie unter Umständen damit in Zusammenhang gebracht. Einen AIDS-Test hat sie bisher nicht vornehmen lassen wollen. Es ist Frau T. offensichtlich unangenehm, ausführlicher über diese Angst zu sprechen, und sie selbst lenkt das Gespräch auf Ängste, die sie schon immer gehabt habe und die in ihrer Familie verbreitet seien.
Frau T. stammt aus gutbürgerlichem Hause: Ihr Vater ist Studiendirektor. Frau T. beschreibt ihn als sehr streng und korrekt. Es habe immer alles bis auf das i-Tüpfelchen genau sein müssen. Das Zimmer ihres Vaters, vor allem sein Schreibtisch, sei »wie geleckt« gewesen. Jeden Nachmittag nach der Schule habe er auf dem Sofa - durch mehrere Decken »geschützt« - seine Mittagsruhe gehalten. Bevor ihr Vater die Wohnräume betreten habe, habe er sich grundsätzlich vollständig umgezogen. Er habe immer gesagt: »Mein Haus soll sauber bleiben!«
Ihre Mutter, ehemals als medizinisch-technische Assistentin tätig, sei eine sehr vorsichtige und besorgte Frau, die häufig krank gewesen sei. Oft habe sie sich langwierige Infektionen zugezogen, für die eine allgemeine Schwäche ihres Immunsystems verantwortlich gemacht wurde. Von daher habe ihre Mutter immer sehr darauf geachtet, daß alles blitzsauber sei. Wenn einmal Gäste zu Besuch kamen, wurde anschließend alles auf den Kopf gestellt und gründlich geputzt.
Sie habe nie den Mut gehabt, sich gegen ihren Vater aufzulehnen. Sie habe oft regelrecht Angst vor ihm gehabt, denn er sei sehr aufbrausend und vor allem dann wütend geworden, wenn man ihn in seiner Ruhe oder seinem Tagesablauf gestört habe und nicht genügend auf Ordnung und Sauberkeit geachtet habe.
Als sie nach der Grundschule zum Gymnasium gewechselt sei, an dem auch ihr Vater unterrichtete, seien ihre Ängste noch größer

geworden. Sie habe damals lange Zeit auch Angst vor anderen Kindern und vor Tieren gehabt. Wenn Schulkameraden ihre Sachen mit schmutzigen Händen angefaßt hätten, habe sie zu Hause alle Bücher und Hefte oft gründlich abgewischt. Diese Ängste hätten sich dann aber zeitweise immer wieder mehr oder weniger verloren. Während der Schulzeit habe sie nur wenige Freundinnen gehabt. Sie sei eigentlich die meiste Zeit allein zu Hause gewesen und habe sehr viel für die Schule gelernt. Besuch habe sie so gut wie nie gehabt. Zum einen habe sie das Gefühl gehabt, es sei ihren Eltern nicht recht gewesen, zum anderen sei es ihr selbst unangenehm gewesen, da es bei ihr zu Hause so »streng und steril« gewesen sei.

Frau T. berichtet weiter, daß sie mit 17 Jahren ihren ersten Freund hatte – einen Jungen aus der Parallelklasse, der sich für sie interessierte. Als die Annäherungswünsche des Jungen immer intensiver wurden, vertraute sie sich ihrer Mutter an. Diese habe sehr ablehnend reagiert: Es sei noch viel zu früh »für so etwas«, sie solle sich lieber auf die Schule konzentrieren. Auf keinen Fall dürfe sie ihrem Vater davon erzählen. Die Freundschaft sei dann nach wenigen Wochen zu Ende gegangen, nachdem ihre Mutter sie auch ausdrücklich vor sexuellen Kontakten gewarnt habe, denn dabei könne »ja alles mögliche passieren und übertragen werden«. Hatte sie sich zunächst noch gegen den Rat der Mutter aufgelehnt, wurden ihre Ängste mit der Zeit doch immer größer, wenn sie mit ihrem Freund zusammen war. Sie konnte Berührungen des Jungen kaum noch aushalten und »mußte« sich nach den Treffen immer ausgiebiger reinigen.

Nach dem Abitur habe sie dann Lehramt für Primarstufe studiert. Da in diesem Fach fast nur Frauen studieren, habe sie während des Studiums kaum Kontakte zu Männern knüpfen können, was sie aber nicht belastet habe. Das Unterrichten sei eine einzige Quälerei gewesen. Sie habe häufig Angst gehabt vor den vielen Kindern, die sich manchmal regelrecht auf sie gestürzt, sie angefaßt und an ihr herumgezerrt hätten. Im Unterricht konnte sie sich kaum durchsetzen. Auch sei ihr »der Dreck in den Schulen« sehr unangenehm gewesen. Daher sei es ihr insgesamt auch ganz recht gewesen, als ihre Mutter ihr die Stelle im Krankenhaus besorgt habe. Der notwendige Auszug von zu Hause sei ihr am Anfang schwer gefallen, z. T. habe sie es auch erleichternd erlebt, weil sie nun stärker ihr eigenes Leben leben konnte.

Mit ihrem jetzigen Freund verstehe sie sich insgesamt ganz gut. Er sei zwar nicht die große Liebe, aber er sei ruhig und zuverlässig. Sie könne sich mittlerweile nicht mehr vorstellen, ohne ihn zu sein. Er sei ja auch der einzige, der von ihren Problemen alles wisse. Seit Januar gebe es allerdings zunehmend Konflikte: Nachdem sie überhaupt schon lange Zeit gebraucht habe, sich auf sexuelle Kontakte mit ihm einzulassen, habe sie seither nur noch ganz wenige Male mit ihm geschlafen, was ihn sehr verunsichere. Aber sie habe einfach mittlerweile zu große Angst davor. Obwohl er sich schon habe untersuchen lassen, bleibe ja ein gewisses Restrisiko. Er habe vor ihr schon andere Frauen gekannt, und vor einigen Jahren sei er schon einmal bei einer Prostituierten gewesen. Lange Zeit habe er Verständnis für ihre Angst gehabt, aber nun beginne es auch für ihn immer belastender zu werden, so daß er häufiger mit Ärger reagiere. Sie befürchtet zunehmend, daß er sich von ihr trennen könnte.

Nicht nur aus diesem Grund sei es ihr wichtig, daß es schnell gehe mit der Therapie. Sie fände es gut, wenn sie jeden Tag ein Gespräch haben könnte. Sie müsse unbedingt ihre Angst loswerden und sei zu allem bereit, was man ihr vorschlage. Am besten wäre es, sie könnte lernen, gar nicht mehr an all diese Ängste zu denken.

1.2 Konzeptualisierung und Reflexion der Problemstellung

Es lassen sich folgende Probleme unterscheiden:
- Ängste vor Ansteckung durch Kontakt mit Menschen oder Gegenständen, vor allem Angst vor einer AIDS-Infektion.
- Die Klientin vermeidet es, berührt zu werden und in die Nähe von Menschen und Dingen zu kommen.
- Die Klientin wäscht sich nach (möglichen) Berührungen exzessiv und hat für die Reinigung Rituale entwickelt (Waschzwang).
- Exzessives Grübeln über mögliche Kontamination und deren Folgen.
- Ängste, Vermeidung, Zwangshandlungen und Grübeleien sind inzwischen stark generalisiert; dadurch ist die Klientin inzwischen körperlich und seelisch sehr erschöpft.
- Durch ihre zwanghaften Ängste und Handlungen ist die Klientin nicht mehr in der Lage, ihre Arbeit zu ihrer eigenen Zufriedenheit (und vermutlich der der Mitarbeiter/Vorgesetzten) zu erledigen.
- Vermutlich liegen auch soziale Ängste und Kompetenzdefizite vor (im folgenden »soziale Probleme«).

- Durch die zwanghaften Ängste, Verhaltensweisen und durch die sozialen Probleme der Klientin ergeben sich Probleme in der Beziehung zum Freund.

Der Zusammenhang zwischen den genannten Problembereichen soll in *Abb. 13* veranschaulicht werden.

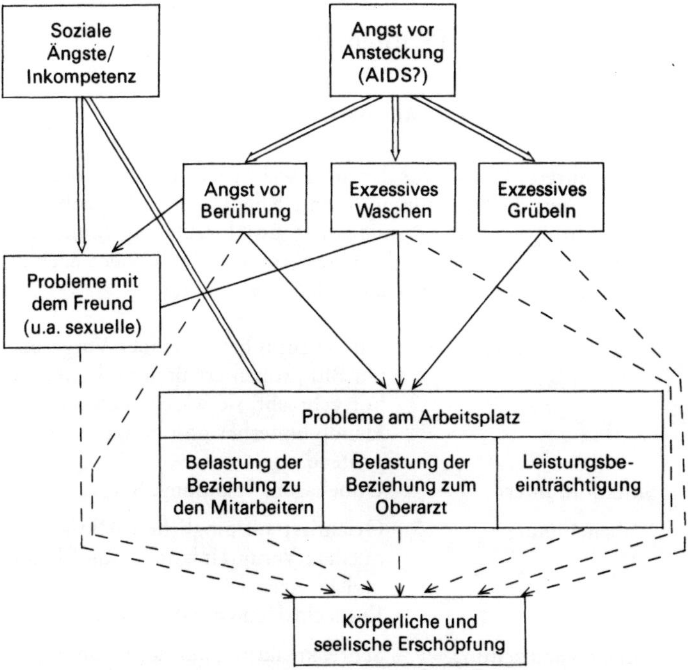

Abb. 13: Zusammenhang zwischen den verschiedenen Problembereichen von Frau T. (aus Gründen der Übersichtlichkeit wurde auf die Darstellung anzunehmender Rückkoppelungsprozesse verzichtet)

Als Ansatz für die weitere Problemanalyse wird entsprechend die Angst vor Ansteckung in Verbindung mit dem exzessiven Waschen aus folgenden Gründen ausgewählt:

- Damit wird das Anliegen der Klientin aufgegriffen.
- In diesem Bereich besteht großer Leidensdruck.
- Durch die starke Generalisierung beansprucht die Symptomatik viel Zeit und Kraft.

- Sie ist vermutlich eine Voraussetzung für die Folgeprobleme in Beruf und Privatleben.

Zur Frage der sozialen Probleme und Partnerschaftsprobleme mit dem Freund müssen weitere Informationen erhoben werden.

2. Analyse der Problematik

2.1 Ebene des Verhaltens-in-Situationen

Als konkretes Beispiel für den ausgewählten Verhaltensbereich betrachten wir die Situation, in der die Klientin eine Blutprobe zum Labor bringen soll. Es interessiert uns hierbei die funktionale Steuerung der Angst und des exzessiven Händewaschens nach der Entdeckung der kleinen Hautverletzung.

Situation, extern:	- Die Klientin hat von einer Vorgesetzten Blutproben erhalten und zum Labor gebracht; sie wäscht sich die Hände hinterher und betrachtet sie prüfend.
Situation, intern:	- Unbehagen, Spannung, Sorge.
Wahrnehmung:	- Orientiert auf mögliche Infektionsquellen: Verunreinigungen und Hautverletzungen. - Entdeckt kleinen Riß im Zeigefinger.
Innere Verarbeitung, Interpretation und Bewertung:	- Schreckreaktion, auf der Grundlage: »Durch einen Riß im Finger, an den fremdes Blut gelangt, kann man sich infizieren.« - Schlußfolgerung: »Ich könnte mich infiziert haben.« - Schlußfolgerung: »Das wäre eine absolute Katastrophe, Lebensgefahr.« - Die Klientin entwickelt die Phantasie, daß sich nun Bakterien/Viren in ihrem Körper unkontrolliert ausbreiten können, die Infektion bereits stattgefunden habe.

Innere Verarbeitung, Handlungsvorbereitung		– Wunsch: sichergehen, daß sich keine Infektion ausbreitet, bei gleichzeitiger Annahme, daß die Infektion bereits stattgefunden habe.
		– Vorstellung: Bakterien und Viren sind von außen in den Körper eingedrungen und breiten sich dort unkontrolliert aus.
		– Wunsch: alles so schnell wie möglich wieder abzuwaschen und Keime abzutöten.
		– Die Klientin hat nur noch die Strategie, sich nachträglich die Hände zu reinigen.
		– Die Strategie ist entsprechend den Erwartungen der Klientin zur Verhinderung einer bereits stattgefundenen Infektion unwirksam.
Handeln/Erleben:	V_m:	– Exzessives Händewaschen, desinfizeren.
	V_e:	– Angst/Panik.
		– Verzweiflung.
		– Ekel.
	V_k:	– »Jetzt ist es passiert«.
	V_{ph}:	– »Heiß und kalt«.
		– Übelkeit.
		– Schwindel.
Konsequenzen, kurzfristig	~~K-~~	– Weiteres Ansteigen der Angst wird verhindert.
	~~K-~~	– Leichtes Nachlassen der Angst.
	K-	– Übelkeit und Ekel bleiben.
	K-	– Ungewißheit bleibt.
	~~K-~~	– Klientin meldet sich krank.
Konsequenzen, langfristig:	K-	– Ungewißheit bleibt erhalten: ständiges Grübeln über Situation.
	K-	– Schlafstörungen, Erschöpfung.
	K-	– Sorgen über Reaktion der Kollegen.
	K-	– Überzeugung: »Ich muß noch besser aufpassen.«

Annahmen zur Verhaltenssteuerung:

(1) Selektiv verzerrte Wahrnehmung der Situation, orientiert auf mögliche Infektionsquellen, habitualisierte Koppelung von Blut und Verletzung mit Lebensbedrohung durch Infektion bedingt die Art des Verhaltens. In dieser Situation Rückgriff auf automatisierte Handlungsbereitschaft »Reinigen durch Waschen und Desinfizieren«.
(2) Das Verhalten ist konsequenzgesteuert: Es verhindert einen weiteren Angstanstieg, reduziert sogar Angst und Unruhe etwas (negative Verstärkung).
(3) Intensivierung des Verhaltens und Erlebens kommt vermutlich durch Nichtkontrolle und Hilflosigkeit zustande: Die Klientin besitzt nur eine und dazu noch unwirksame Strategie.
(4) Der Versuch, Kontrolle zu erlangen über nachträgliches Grübeln und »noch besser aufpassen«, führt zu einer Stabilisierung und Ausweitung der Gesamtproblematik (Teufelskreis, Wiedereinstieg bei Hypothese 1) und zu den Folgeproblemen wie Erschöpfung, Daueranspannung usw.

2.2 Ebene der Regeln und Pläne

In *Abb. 16* werden einige Annahmen zur hypothetischen Planstruktur in einer Skizze zusammengefaßt.
Die *Analyse der hypothetischen Planstruktur* im Hinblick auf ihre Rolle für die Aufrechterhaltung der Symptomatik führt zu folgenden Annahmen:

- Der übergeordnete Vermeidungsplan, sich vor »Kontamination« mit Schmutz und Krankheitskeimen zu schützen, hat einen großen *Geltungsbereich,* impliziert also eine Reihe weiterer *Vermeidungspläne.*
- Im Zusammenhang damit und mit dem übergeordneten Plan, nach größtmöglicher Sicherheit und Perfektion zu streben, wurde eine Reihe *Kontroll- und Vergewisserungspläne* aktiviert.
- Es kann von einem sog. *»Metaplan«* bei der Klientin ausgegangen werden, die genannten Ziele absolut und unbedingt zu verfolgen und sich deshalb besonders streng und genau an ihre Pläne zu halten.
- Das Streben nach »hundertprozentiger« *Sicherheit* und *Perfektion* muß als unrealistisch und damit irrational gewertet werden. Die so vorprogrammierten dauernden Mißerfolge führen zu heftigen Angst- und Hilflosigkeitsgefühlen. Bei Aufrechterhaltung

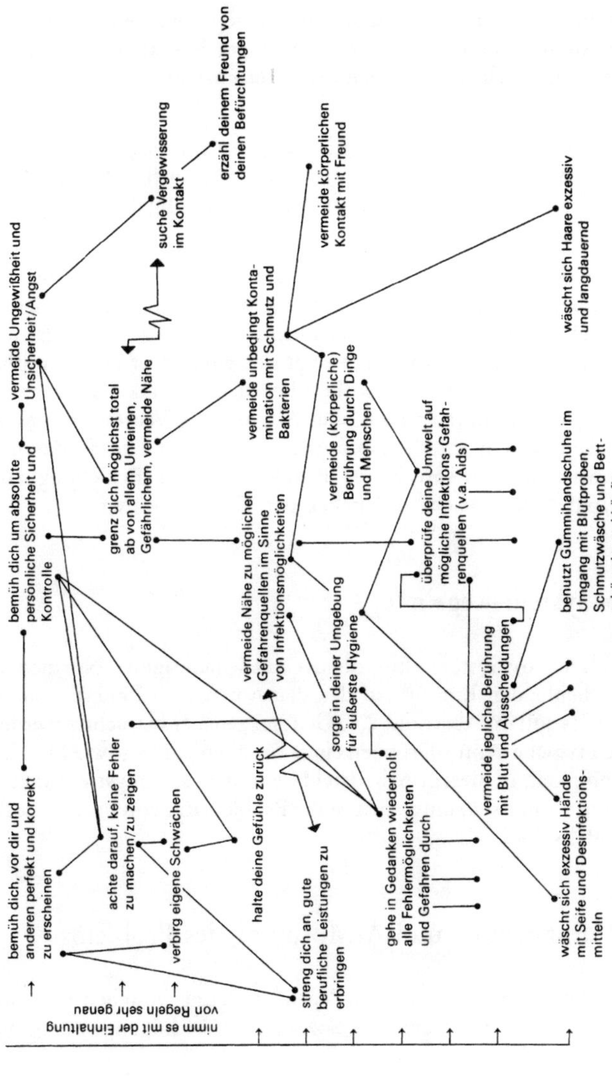

Abb. 16: Beispiel für Planstruktur (Frau T.)

der unerreichbaren Zielsetzung intensiviert die Klientin zur Spannungsreduktion die vorhandenen eingeschränkten und rigiden Strategien, welche so zunehmend automatisiert und ritualisiert werden.

- Dieser *»Teufelskreis«* läßt Rückschlüsse auf die große persönliche Bedeutung der genannten Ziele wie auch auf den bereits vorhandenen hohen Grad der Automatisierung damit verknüpfter Strategien zu.

Plankonflikte ergeben sich zwangsläufig zum einen zwischen den Leistungsplänen der Klientin, die beruflichen Alltagsanforderungen sehr korrekt und gut zu erfüllen, und den Vermeidungs- und Kontrollplänen. Zum anderen zeigt sich ein starker Dauerkonflikt zwischen den Plänen, sowohl über den Kontakt (Beruhigung durch den Freund) als auch über Abgrenzung Vergewisserung zu suchen bzw. Unsicherheit und Angst abzubauen. Hier ist daran zu erinnern, daß entsprechende Probleme in der Beziehung zum Freund Anlaß für das Aufsuchen der Therapie waren.

2.3 System-Regeln

Das familiäre System »Elternhaus« mit seinen rigiden Normen hat entscheidenden Einfluß auf das Plansystem von Frau T. genommen. Es soll im Abschnitt 2.4 (Genese) genauer betrachtet werden. Die Hygiene-Anforderungen eines Krankenhauses sowie die Notwendigkeit, in diesem Arbeitsfeld besonders störungsfrei funktionieren zu müssen, unterstützen die Problematik von Frau T. (siehe ebenfalls 2.4).

2.4 Entstehung und Ausformung des Problems

Die Ängste der Klientin vor Verschmutzung bestehen seit ihrer Kindheit. Hierfür waren die Sozialisationsbedingungen entscheidend:

- Der Vater war übertrieben sauber und ordentlich und strafte die Klientin heftig, wenn sie sich nicht an seine Normen von Regelhaftigkeit und Ordnung hielt. Dabei waren seine Normen bereits extrem hoch.

- Der starke Druck nach Hygiene und Sauberkeit ging auch von der Mutter aus; durch sie wurde Schmutz mit Ansteckung und Gefahr für Leib und Leben in Verbindung gebracht.

Bereits in der Schule hatte die Klientin die Sauberkeitsnormen der Eltern so weit internalisiert, daß sie selbständig mit Reinigungsmaßnahmen begann. Der Kontakt mit Spielkameraden (Kindern und Tieren) wurde mit Verschmutzung assoziiert. Es bestand so kaum die Möglichkeit, angemessenes Sozialverhalten aufzubauen und damit andere (zwanglose, angstfreie) Umgangsformen und Lebenseinstellungen kennenzulernen.
Das Bedürfnis nach sozialer Anerkennung und Nähe wird mit der ersten Freundschaft zu einem Jungen im Alter von 17 Jahren virulent. Auf die Dauer gewinnen jedoch die unklaren Warnungen der Mutter die Oberhand: Die Klientin erlebt die Kontakte mit dem Freund als zunehmend angstbesetzt.
Bis zu diesem Zeitpunkt läßt sich die Genese der Störung mit dem Sozialisierungsmodell von Zwangsverhalten von Belschner et al. (1979) erklären. Charakteristika dieses Modells sind:

1. Stark bestrafende Erziehung; dadurch tritt eine emotionale Erregung auf, die wiederum die Bindung an Bezugspersonen bzw. deren Normen erhöht.
2. Rigide Normierung des Sozialisierungsagenten selbst (überkorrektes, zwanghaftes Verhalten, soziale Ängstlichkeit).
3. Abstrakte Vermittlung der Norm bei gleichzeitiger Unklarheit über die angemessenen konkreten Verhaltensweisen zur Erfüllung der Forderung; die Anforderungen waren unendlich hoch und daher kaum zu erfüllen.
4. Durch den Druck, diese Normen erfüllen zu *müssen*, entsteht eine überdauernde emotionale Erregung. Diese Erregung kann durch (Über-)Erfüllung des Solls in einem kleinen Bereich reduziert werden. Die ausgeprägten Wasch- und Reinigungsrituale dienen der Angst- und Erregungsreduktion. Dieses Ziel kann jedoch wegen der Unmöglichkeit der Normerfüllung nur durch endlos sich wiederholendes und persistierendes Verhalten verfolgt werden (vgl. Hand, 1989; Reinecker, 1990).

Im weiteren Verlauf der Lebensgeschichte dehnen sich die angelegten Vermeidungsstrategien weiter aus: Die Klientin gibt ihre Lehramtstätigkeit auf und beginnt, im Krankenhaus zu arbeiten.
Gerade die Suche nach hygienischen Arbeitsbedingungen im Krankenhaus führt jedoch zu der akuten Verschärfung der Problematik: Das Risiko, mit Krankheitserregern in Kontakt zu kommen, ist

deutlich erhöht und ständig präsent. Die Klientin steht *dauerhaft* unter einer hohen Anspannung und Angst, die sie mit zunehmenden Reinigungsritualen zu reduzieren versucht.

2.5 Diagnostische Hinweise aus der Therapeut-Klient-Beziehung

Das Verhalten der Klientin in den ersten beiden Kontakten bestätigt die bisherigen Befunde: Die Klientin versucht auch in der therapeutischen Situation, Verunreinigungen zu vermeiden. Sie bemüht sich gleichzeitig auf vielfältige Art und Weise, Kontrolle über ihre Gefühle und die Situation zu behalten.

2.6 Schlußfolgerungen aus der bisherigen Analyse

Auf der Grundlage der Problemanalyse erscheint das symptomatische (Zwangs-)Verhalten der Klientin in seiner Funktion für ihr persönliches System verständlich. Es besteht ein komplexes Gefüge aus Grund- und Folgeproblemen (siehe 1.2). Dabei stehen zwei genetisch miteinander zusammenhängende Grundprobleme im Vordergrund:

1. Angst vor Ansteckung, exzessives Waschverhalten. Dieses Problem kann nach DSM-IV als »Zwangsstörung in Form von Zwangshandlungen« klassifiziert werden.
2. Soziale Angst und Kompetenzmängel (dieser Problembereich muß noch näher exploriert werden).

Die Zwangssymptomatik soll wegen ihrer zunehmenden Verschärfung und daraus resultierenden Folgeproblemen (körperliche Erschöpfung, Schwierigkeiten am Arbeitsplatz, Beziehung zum Freund) vorrangig angegangen werden. Diese Entscheidung stimmt mit den Erwartungen der Klientin überein.

Einschätzung des Schweregrades der Zwangsstörung: schwere chronifizierte Zwangssymptomatik; ernsthafte Beeinträchtigung in der Lebensführung, den sozialen Beziehungen und der beruflichen Leistungsfähigkeit.

Zur Erfassung des Gesamtspektrums der Zwangssymptomatik sollte neben weiterer Exploration ein symptomspezifischer Fragebogen, z. B. das »Hamburger Zwangsinventar« (Zaworka et al., 1983) eingesetzt werden; außerdem ist eine zusätzliche psychiatrische Untersuchung zu erwägen, da Zwänge auch Teilsymptome psychotischer Störungen sein können. Die Rolle des Partners für die Zwangsproblematik (z. B. »beruhigende Versicherungen«) ist abzuklären.

3. Zielanalyse

Die vorläufige Zielanalyse wurde zunächst allein vom Therapeuten erstellt und muß noch eingehend mit der Klientin besprochen werden.

3.1 Veränderungsvoraussetzungen

Belastungen und Einschränkungen durch die Problematik stehen im Vordergrund. Zufriedene Lebensbereiche und erfolgreiche Problemlösekompetenzen als mögliche Ressourcen stehen offensichtlich nur in geringem Ausmaß zur Verfügung. Die Klientin scheint hoch - aber unspezifisch - motiviert zu sein (»zu allem bereit«). Allerdings geht der Veränderungsdruck zum Teil auch vom Freund aus; die angedeutete Trennung ist für die Klientin bedrohlich. Die Klientin müßte darauf vorbereitet werden, daß die Hoffnung auf eine »schnelle Heilung« unrealistisch ist und eine Veränderung einer derart lang andauernden Störung Zeit- und Energieaufwand erfordert. Bezüglich der sozialen Probleme ist bislang weder ein Problembewußtsein noch eine Veränderungsmotivation erkennbar.

3.2 Zielbestimmung

Ziele für die Behandlung sind:

1. Reduktion des exzessiven Waschens: Ziel ist ein angemessenes Waschverhalten, d. h. Einhaltung hygienischer Vorschriften im Krankenhaus; zu Hause Orientierung an gängigen Normen.
2. Reduktion der Ängste vor Ansteckung: Die Klientin soll die Gefahr einer Ansteckung realistisch einschätzen und angemessene Vorsichtsmaßregeln treffen können. Bei einer tatsächlichen Infektionsgefahr erscheint ein angemessenes Ausmaß an Angst zulässig. Die Klientin sollte in der Lage sein, ein gewisses Ausmaß an Unsicherheit ertragen zu können.

3. Reduktion des Vermeidungsverhaltens: Die Klientin soll mit Menschen in ihrem Umfeld weitgehend angstfrei (im Sinne von körperlicher Nähe) Kontakt haben können.
4. Langfristig erscheint der Aufbau von Selbstsicherheit und sozialer Kompetenz erstrebenswert.

Die Ziele 1–3 sollten vollständig erreicht sein, um ein Wiederaufleben der Zwangssymptomatik zu verhindern. Eine weitere Operationalisierung der Ziele ist erforderlich (s. unten).
Teilziele sind z. B.: Unter angemessenem Waschverhalten im Alltagsbereich soll verstanden werden:

- Abends max. 10 Minuten duschen incl. Haare waschen (max. 3mal pro Woche), 2 cl flüssige Seife dürfen verbraucht werden, Haare einmal shampoonieren.
- Morgens max. 10 Minuten waschen (1 cl flüssige Seife).
- Händewaschen vor jeder Mahlzeit und nach jedem Toilettenbesuch, Hände max. 30 Sekunden waschen.
- Völliger Verzicht auf Desinfektionsmittel beim Waschen.
- In anderen Alltags-Situationen (z. B. bei Küchenarbeit) ist Händewaschen nur bei deutlich sichtbarer Verschmutzung max. 30 Sekunden erlaubt.
- Die Klientin soll »bedrohliche« Gegenstände des alltäglichen Umfeldes (z. B. Treppengeländer, Geld), Menschen und Tiere berühren, ohne sich anschließend zu waschen.
- Die Klientin soll auch stärkere Verschmutzungen (Gartenarbeit, Schuhe putzen) angstfrei, d. h. entspannt, ertragen können.

Die Definition der Teilziele in Form derart eingegrenzter strenger Vorschriften mag auf den ersten Blick ihrerseits »zwanghaft« und übertrieben rigide erscheinen. Sie ist aber für die Unterbindung des Vermeidungsverhaltens für einen ersten längeren Zeitraum »zwangsläufig« erforderlich. Die Festlegung von Teilzielen für angemessenes Hygieneverhalten im Krankenhaus sollte im Gespräch mit der Klientin auf ähnlich konkrete Weise wie oben definiert werden. Sie soll in der Lage sein, ihre dienstlichen Aufgaben (z. B. Blutabnahme, Betten machen, Umgang mit Ausscheidungen und Wäsche der Patienten etc.) angstfrei zu bewältigen.

3.3 Die Therapeut-Klient-Beziehung

Der Therapeut wird darauf zu achten haben, daß er seinen Handlungsspielraum im Kontakt mit der Klientin erhält und sich nicht

etwa in unrealistische Erwartungen und widersprüchliche Pläne (Kontakt vs. Abgrenzung, Veränderungsdruck vs. passive Behandlungsvorstellungen) einbinden läßt. Der Therapeut schätzt seine fachliche Kompetenz und die Rahmenbedingungen der Beratungsstelle als hinreichende Voraussetzung für eine Behandlung ein.
Für die geplante therapeutische Vorgehensweise ist der rechtzeitige Aufbau einer besonders positiven vertrauensvollen Beziehung notwendig, da die Konfrontationen zum Teil Einblick in den intimen Privatbereich (WC, Badezimmer) implizieren. Der Therapeut sollte Verständnis für die Belastung der Klientin durch die Problematik aufbringen können und in der Interaktion freundliche emotionale Zuwendung mit Strukturiertheit und Konsequenz verbinden.

4. Suchen, Bewerten und Auswählen von Lösungsalternativen

Als bewährtes Behandlungsverfahren bei Zwangsstörungen gilt seit längerem die Konfrontationstherapie in vivo mit Reaktionsverhinderung (Marks, 1987; Hand, 1989; Reinecker, 1990).

4.1 Ansatzpunkte und Prinzipien der Veränderung

Im genannten Verfahren liegt der Ansatzpunkt der Intervention am konkreten Verhalten-in-Situationen, und zwar sowohl an der Angstreaktion als auch am ritualisierten Zwangsverhalten als Vermeidungsreaktion. Es basiert auf den Veränderungsprinzipien »Habituation« und »Löschung«. Hierbei wird der Klient mit seinen spezifischen angstauslösenden Reizen direkt konfrontiert und dabei an der Ausführung seines Vermeidungsverhaltens (hier: Waschritual) gehindert. Die Konfrontation wird so lange durchgeführt, bis die Angst völlig nachgelassen hat. So macht der Klient die Erfahrung, daß Angstreduktion ohne Ausführung der Vermeidungsreaktion möglich ist, und gewinnt damit einen Zugang zu neuen Bewältigungs- und Bewertungsmöglichkeiten. Nach unserer Problemanalyse, in der die Funktion der Vermeidung und negativen Verstärkung für die Aufrechterhaltung von Angst und Zwangsverhalten deutlich herausgestellt wurde, ist dieses Verfahren klar indiziert und erfolgversprechend. Außer den genannten

Prinzipien ist der Einsatz von zunächst kontingenter, später intermittierender Selbst- und Fremdverstärkung für alternatives Bewältigungsverhalten einzuplanen.
Was die therapeutische Arbeit auf der Ebene der Regeln und Pläne betrifft, wird bereits in der kognitiven Vorbereitung auf die Expositionstherapie eine Auseinandersetzung mit den Plänen der Klientin notwendig sein. In der anschließenden Konfrontationsphase ist damit zu rechnen, daß die konkreten In-vivo-Erfahrungen Anstoß geben zu weiteren adaptiven Veränderungen von Wahrnehmungs- und inneren Verarbeitungsmustern. Dann entwickeln sich auch voraussichtlich überdauernd angemessenere, flexiblere und differenziertere Regeln und Pläne. Zusätzliche gezielte Arbeit an der Planstruktur der Klientin (z B. durch kognitive Umstrukturierung) kann bei Bedarf folgen.

4.2 Konkrete Therapieplanung

Die Konfrontationstherapie mit Reaktionsverhinderung soll in massierter und unmittelbarer Form (Bartling et al., 1980 b) ambulant erfolgen; sie kann in sechs Phasen unterteilt werden:
1. Diagnostische Phase (2–3 Sitzungen)
2. Kognitive Vorbereitung der Klientin (2 Sitzungen)
3. Intensivtraining (ca. 6 Tage à 4–6 Stunden)
4. Selbstkontrollphase (2 Wochen mit täglicher Übung zwischen 2 u. 4 Stunden sowie 4 Auswertungssitzungen mit Therapeut)
5. Transferphase (4 Wochen, 2 Therapiesitzungen pro Woche)
6. Stabilisierungsphase (ca. 1/2 Jahr, voraussichtlich 1 Sitzung pro Woche).

Sollte sich das Zwangsverhalten der Klientin wider Erwarten resistent gegen diese Behandlungsform zeigen, müßte gemeinsam mit der Klientin ein längerer Klinikaufenthalt erwogen werden.

ad 1. Diagnostische Phase
Hier ist u. a. noch abzuklären:
- Gesundheitszustand der Klientin, ärztliche Unbedenklichkeitserklärung für Konfrontationstherapie einholen.
- Differenzierte Beschreibung und Einschätzung konkreter angstauslösender Situationen und Objekte (evtl. Einsatz eines »Angstbarometers«).

- Einschätzung der hauptphobischen Situationen mit dem Situationsbewertungssystem SB und EMI-S (Ullrich u. Ullrich, 1979) zur Erfolgskontrolle und dem EMI-kurz (Bartling et al., 1980 b) zur Therapieverlaufskontrolle.

ad 2. Kognitive Vorbereitung der Klientin
- Besprechung von angemessenen Wasch- und Hygienenormen für die berufliche und außerberufliche Situation (siehe hierzu die Zielformulierungen).
- Vermittlung eines plausiblen Modells zur Erklärung von Entstehung und Aufrechterhaltung der Angst- und Zwangssymptomatik, bezogen auf konkrete Lernerfahrungen der Klientin, veranschaulicht mit bildhaften Darstellungen (»Angstkurven« nach Bartling et al., 1980b).
- Vermittlung der Therapieprinzipien »Konfrontation« und »Reaktionsverhinderung« als stringente Umkehrung der Lernprinzipien aus dem Erklärungsmodell.
- Darstellung konkreter Vorgehensmöglichkeiten in einem Intensivtraining.
- Abklärung der Rahmenbedingungen der Phasen 3 und 4: Es ist günstig, wenn die Klientin für diese Phasen Urlaub nimmt und für die Exposition neben ihrem Zuhause ein berufsbezogenes Übungsfeld außerhalb ihres Arbeitsplatzes mit ähnlichen Bedingungen gefunden wird (z. B. Kooperation mit vergleichbarer Station in anderem Krankenhaus).
- Vereinbarung eines Therapievertrages nach ausreichender Bedenkzeit bezüglich einer Entscheidung für oder gegen die besprochene Therapieform: Der Klientin sollte genügend Zeit für einen eigenverantwortlichen Entscheidungsprozeß zur Verfügung stehen, allerdings in Form einer definierten Frist (zwischen 4 und 7 Tagen), um einem vorzeitigen Abbruch der Therapie vorzubeugen. Bei positiver Entscheidung für die Konfrontationstherapie sollte unverzüglich mit dieser begonnen werden.
- Auch der Partner der Klientin sollte spätestens an dieser Stelle über das geplante Vorgehen und die damit verknüpften Anforderungen an sein Verhalten informiert werden.

ad 3. Intensivtraining
- Auf der Basis der in der diagnostischen Phase gesammelten Angstsituationen wird ein genauer Plan des Intensivtrainings zunächst für die ersten 3 Tage erstellt.

- Es wird direkt mit hochgradig angstbesetzten Situationen konfrontiert, diese müssen beliebig verlängerbar und wiederholbar sein.
- Es ist zunächst geplant, 6 Tage in massierter Form, ca. 4–6 Stunden täglich, unter therapeutischer Kontrolle zu üben.
- Die Übungen sind so konkret vorzubereiten, daß eine rasche Abfolge möglich ist. Beispiele für Übungen:
  1. Klientin hält ein Reagenzglas mit Blut so lange in den Händen, bis die Angst abklingt.
  2. Sie tropft wiederholt Blut auf ihre Hand, verschmiert es, ohne sich zu waschen.
  3. Klientin fährt im vollbesetzten Bus und wählt ihren Platz so, daß sie Körperkontakt zu mehreren Personen hat.
  4. Klientin muß in der Waschküche des ausgewählten Krankenhauses Schmutzwäsche sortieren.
  5. Klientin benutzt mehrfach öffentliche Toiletten.
- Abbruchkriterien jeder Situation: Angstreduktion, gemessen durch EMI-kurz, Verhaltensbeobachtung durch den Therapeuten.
- Es muß sichergestellt sein, daß die Klientin im Anschluß an die massierten Übungen keine Gelegenheit zum Nachholen der Waschrituale hat. Es ist deshalb wünschenswert, einen Co-Therapeuten hinzuzuziehen.

ad 4. Selbstkontrollphase
- Die Klientin führt zunehmend ohne therapeutische Kontrolle aktiv vorher verabredete Übungen nach den genannten Prinzipien durch (berührt z. B. »Infektionsherde«).
- Sie führt Protokoll über ihre Aktivitäten, die in den Therapiesitzungen besprochen werden.
- Der Partner wird unterstützend einbezogen.

ad 5. Transferphase
- Nun soll die Klientin das Gelernte in ihr normales berufliches Umfeld übertragen.
- Hier ist noch einmal erhöhte Wachsamkeit und intensive therapeutische Begleitung nötig.
- Durch Rückkehr auf ihre Station besteht zum einen die Gefahr, daß alte situationsgebundene Automatismen wiederbelebt werden. Zum anderen ist es möglich, daß die dort bestehenden und noch nicht bearbeiteten sozialen Beziehungsschwierigkeiten zu erhöhtem Streß führen, der die früheren Symptome erneut provozieren könnte.

ad 6. Stabilisierungsphase

- Das gezielte Üben wird nun reduziert, die neugelernten Verhaltensweisen sollen in den normalen Alltag der Klientin integriert werden.
- Diese Phase kann ggf. mit auffrischenden Expositionssitzungen durchsetzt werden.
- Arbeit mit kognitiver Umstrukturierung am Plan- und Normsystem der Klientin, dadurch Festigung der erreichten Anfangserfolge.

5. Erprobung und Bewertung

- Auf Verfahren zur Veränderungsmessung wurde bereits eingegangen.
- Zusätzlich sollten nach längeren Zwischenphasen mehrere Verhaltensproben zur Evaluation durchgeführt werden.

Die Behandlung der Angst- und Zwangssymptomatik kann beendet werden, wenn die Klientin ein annähernd »normales« berufliches und außerberufliches Wasch- und Hygieneverhalten, orientiert an den gemeinsam erarbeiteten Normen, zeigt.

André F. – »›Mehr desselben‹ löst noch nichts!«

Wir beschreiben in diesem Kapitel die Therapie eines *Klienten, bei dem Arbeitsprobleme im Vordergrund standen* (vgl. dazu: Braun, 1978; Florin u. von Rosenstiel, 1976; Lauth, 1991).
Nach einer ersten Klärung der Problemstellung sah das *allgemeine Vorgehen* in der Regel folgendermaßen aus: In den einzelnen Sitzungen definierten Klient und Therapeutin zunächst gemeinsam den jeweils aktuellen Problemstand und untersuchten, welche Strategien André selbst zur Lösung mit welchem Erfolg eingesetzt hatte. Diese Strategien wurden dann im Hinblick auf ihre Angemessenheit für das angestrebte (Teil-)Ziel eingeschätzt und entsprechend korrigiert, oder es wurden völlig neue Vorgehensweisen gesucht und ausgewählt. Kurze Telefonkontakte dienten dazu, zwischendurch die Erfahrungen auszutauschen, so daß für die nächste Sitzung der jeweilige Problemstand für beide Beteiligten bereits in groben Zügen bekannt war.
Dabei orientierte die Therapeutin sich nicht einfach nur an dem *Ziel,* die Lösung der konkreten, aktuellen Probleme voranzutreiben, sondern strebte vor allem die Verbesserung bzw. Reaktivierung der Fähigkeiten des Klienten an, den Problemlöseprozeß möglichst früh immer wieder selbst in Gang zu setzen und erfolgreich durchzuführen. Die Frage, wie weit dies mit der Zeit gelang, reflektierte sie nach längeren Therapieabschnitten mit einer Supervisorin. Besonderer Wert wurde dabei auf möglichst weitgehende Transparenz und eine Aktivitätsverteilung mit zunehmender Eigenverantwortlichkeit des Klienten gelegt.
Die Darstellung der Therapie folgt diesem allgemeinen Vorgehen und ist entsprechend in *sechs Ereignisabschnitte* untergliedert, an die sich jeweils eine zusammenfassende, an den Hauptschritten des Leitfadens orientierte *Reflexion* zum Problemstand und zu den Veränderungen der Problemlösefähigkeiten des Klienten anschließt. Der Bericht wurde auf der Grundlage der Sitzungs- und Telefonatsprotokolle in stark verkürzter Form angefertigt.

1. Phase: Problemstellung und Einstieg in die Therapie (1/2 Woche)

André (25 J.), Soziologiestudent im 12. Semester, kommt u. a. zur Beratung, weil er seit längerem Probleme beim Schreiben seiner *Examensarbeit* hat, die er im Rahmen eines Projekts anfertigt. Hier arbeitet er seit ca. eineinhalb Jahren mit einer Gruppe zusammen an einer empirischen Untersuchung: Datenerhebung und statistische Auswertung wurden gemeinsam vorgenommen und sind bereits abgeschlossen. Während der Projektdurchführung hat er in allen Phasen aktiv und mit viel Interesse mitgearbeitet, er meint, einen relativ guten Überblick über die Thematik zu haben. Der Klient hat allerdings bisher noch keinen zusammenhängenden Abschnitt formuliert, sondern sich bei der Lektüre, während der Gruppendiskussion oder auch bei seinen Überlegungen immer nur kurze Notizen zu den verschiedenen Problemen gemacht. Nun steht er »vor einem Berg« ungeordneten Materials, das er teilweise gar nicht mehr entschlüsseln kann.
Seit einem halben Jahr versucht er – wie die anderen Projektteilnehmer auch –, sich allein intensiv auf die schriftliche Abfassung seiner Arbeit zu konzentrieren. Da er nicht wußte, wie er das Ganze »anpacken« sollte, arbeitete er ungefähr vier Monate lang relativ wenig und unsystematisch – durchschnittlich ca. zehn Stunden in der Woche – an verschiedenen inhaltlichen und methodischen Problemen, ohne aber mit dem Schreiben Fortschritte zu machen. In den letzten zwei Monaten verspürte er zunehmend mehr Druck; er steigerte seine Arbeitszeit auf ca. sechs Stunden am Tag. Seitdem *bemüht er sich immer wieder, mit dem Schreiben anzufangen,* stößt aber schon bei Vorüberlegungen dazu regelmäßig auf eine Fülle von Einzelfragen, mit denen er sich dann zuerst noch beschäftigen »muß«. Eine Klärung erhofft er sich dabei vor allem von der erneuten, noch gründlicheren Durchsicht der bereits zum Teil sogar mehrmals gelesenen Fachliteratur bzw. von der Suche und Lektüre weiterer Arbeiten im thematischen Umfeld. Der Klient sieht sich nicht in der Lage, den Stoff zu strukturieren und zielgerichtet zu verarbeiten; immer wieder gerät er vom »Hundertsten ins Tausendste«.
Er hat den Eindruck, daß seine *Konzentrationsfähigkeit* im Laufe dieser Zeit stark nachgelassen hat; oft sitzt er am Schreibtisch und schweift gedanklich in eine allgemeine, depressive Richtung ab: Er fragt sich, was er machen soll, wenn er das Examen nicht zum

vorgesehenen Zeitpunkt schafft, und findet keinen Ausweg. Dagegen kann er sich in Situationen, in denen er gerne einmal abschalten möchte, kaum noch innerlich von der Arbeit lösen: Die Gedanken daran und der Anspruch, eigentlich dauernd etwas dafür tun zu müssen, verfolgen ihn den ganzen Tag über bis in den Schlaf. Mit dem äußeren zeitlichen Druck wächst in letzter Zeit auch seine innere Spannung und Unruhe bis ins Unerträgliche. Die Arbeit muß in dreieinhalb Monaten abgegeben werden; ein Aufschieben des Termins ist aufgrund von Vorschriften der Studien- und Prüfungsordnung nicht möglich.

A. hat zur Binnengliederung oder *Strukturierung* der einzelnen Kapitel, deren Abfolge im Rahmen der Gesamtarbeit ihm wohl klar ist, bisher keine Entscheidungen treffen können, sondern hauptsächlich »im Kopf« Überlegungen dazu angestellt, welche Inhalte dort überhaupt vorkommen sollten. Vor einigen Wochen hatte er sich noch jeweils vor Beginn des Arbeitens »feste« *Ziele* gesetzt, beispielsweise: »heute den Anfang eines bestimmten Kapitels schreiben!«; da sich diese Ziele jedoch immer als zu umfangreich und zu unklar erwiesen und mit seinem Vorgehen nie erreichbar waren, hat er es inzwischen aufgegeben, sich überhaupt vorher inhaltlich oder zeitlich definierte Aufgaben vorzunehmen. Entsprechend diesem Rückschritt in eine wiederum völlig unstrukturierte globale Zielsetzung in dem Sinne »irgendwie die Arbeit ganz schnell zu Papier bringen!« erscheint seine Arbeitsweise momentan sehr hektisch und fast chaotisch (s. u.).

André weist darauf hin, daß schriftliche Arbeiten »noch nie seine Stärke gewesen« seien, vor allem das Strukturieren und Zusammenfassen sei ihm seit jeher schwergefallen. Diese Einschätzung rührt aus seiner Schulzeit her, wo er im Aufsatz fast immer nur knapp ausreichende Leistungen erbrachte. Der Klient ist in der Schweiz zweisprachig aufgewachsen und erst mit 14 Jahren nach Deutschland gekommen. Er hat hier ein Gymnasium besucht. Bereits in der Schweiz hatte er Probleme im Fach »Deutsch«, und seine schriftlichen Schulleistungen waren bis zum Abitur außerdem durch eine schwere Legasthenie beeinträchtigt. Obwohl in der Familie früher vorwiegend französisch gesprochen wurde, konnte er sich in Deutschland – was die *mündlichen Ausdrucksmöglichkeiten* angeht – relativ gut umstellen, und er spricht auch in den Therapiesitzungen meist sehr flüssig und fast akzentfrei. Er betont selber – und der Therapeutin fällt dies ebenfalls auf –, daß er keine Schwierigkeiten hat, mündlich über die Inhalte und Probleme seiner Arbeit zu berichten. A. hält seine sprachlichen Fähigkeiten für so ausreichend, daß er sich die selbständige schriftliche Formulierung seiner Arbeit in einer ersten Fassung zutraut; er hat sich schon darauf eingestellt, den Text möglicherweise erst einmal in alltagssprachlicher Form auch fehlerhaft zu verfassen und dann mit Hilfe seiner Freundin zu korrigieren.

Seine Freundin ist Grundschullehrerin (24 J.), und beide leben seit ungefähr drei Jahren zusammen. Sie ist sehr daran interessiert, ihm bei der Arbeit zu helfen, kennt sich allerdings inhaltlich kaum aus und beschränkt sich momentan auf Nachfragen, Ermahnungen und Ermunterungen. Der Klient hat den Eindruck, daß er ihr seine Probleme nicht richtig verdeutlichen kann, und daß sie momentan zur Lösung auch nicht viel beitragen kann. Er erhofft sich ihre Unterstützung für eine spätere Phase, wenn die Überarbeitung der ersten Fassung ansteht. Die Möglichkeit, mit Kommilitonen aus dem Projekt streckenweise zusammenzuarbeiten, ist nach Einschätzung des Klienten im Augenblick ebenfalls nicht realisierbar: Alle seien mit ihren eigenen Arbeiten ausgelastet.

Der Klient leidet in letzter Zeit außerdem unter schweren *Einschlafstörungen* und einem häufig auftretenden Druckgefühl im Kopf, das sich gelegentlich bis hin zu starken *Kopfschmerzen* steigert. Er ist deswegen aber bisher noch nicht zum Arzt gegangen – »weil das zuviel Zeit kosten würde« – und nimmt seit ungefähr vier Monaten Schlaf- und Schmerztabletten sowie Beruhigungsmittel in überhöhter Menge (Valium®, Thomapyrin®, Adumbran®, wahllos und unkontrolliert je nach momentaner subjektiver Befindlichkeit; präzise Angaben kann er zu seinem Medikamentenkonsum jedoch nicht machen). Die Medikamente läßt er sich von Bekannten besorgen. Auf diese Weise kann er die Beschwerden und seine innere Unruhe, die für ihn in engem Zusammenhang mit der Belastung durch die Examensarbeit stehen, relativ erträglich halten. Da er inzwischen bei sich eine zunehmende Gewöhnung an die Mittel bemerkt hat, sieht er zwar die Gefahren der *Medikamentenabhängigkeit*, aus demselben Grund erwartet er aber auch, daß eine ernsthafte Herabsetzung der Dosis bzw. ein totaler Verzicht ihm sehr schwerfallen würde. Das möchte er erst dann anstreben, wenn er mit der Arbeit besser zurechtkommt und etwas »Land sieht«; momentan will er dafür nicht noch zusätzliche Energie aufbringen.

Nach eingehender Erörterung des Verhältnisses der Probleme zueinander entschließen sich Therapeutin und Klient, das Arbeitsproblem zunächst vorrangig zu behandeln. Der Medikamentenmißbrauch soll jedoch so bald wie möglich ausführlicher zur Sprache kommen; der Klient will in der Zwischenzeit zumindest versuchen, die Menge nicht mehr zu steigern, und er erklärt sich bereit, sich um eine gründliche medizinische Untersuchung zu bemühen.

Die erste Sitzung wird mit einigen *Überlegungen zum weiteren Vorgehen* abgeschlossen; für die Therapeutin hat sich im Gespräch der Eindruck herausgebildet, daß A. offenbar auch durch die anwachsenden Schwierigkeiten bisher nicht so weit gekommen ist, sein Arbeitsverhalten einmal grundsätzlich und umfassend auf einer höheren Abstraktionsstufe zu reflektieren, sondern vielmehr immer wieder unmittelbar auf der Ebene der konkreten Einzelprobleme mit unzusammenhängenden Teillösungsversuchen reagiert hat. Diese führten nicht zum gewünschten Erfolg und verschärften eher noch die Schwierigkeiten. Deshalb hat die erste therapeutische Intervention das Ziel, das Befangensein des Klienten in dem Prinzip *»Mehr desselben«* (vgl. Watzlawick u. a., 1974) zu durchbrechen. Die Therapeutin teilt ihm ihre Sichtweise offen mit und äußert dabei, daß es notwendig erscheint, beim nächsten Treffen drei Tage später eine ganz andersartige Herangehensweise gemeinsam zu entwickeln.

Die hinter den nun folgenden Vorschlägen stehenden Absichten (vgl. auch Watzlawick u. a., 1974: »Die sanfte Kunst des Umdeutens«) werden dem Klienten zu diesem Zeitpunkt noch nicht vollkommen transparent gemacht: A. soll in der Zwischenzeit (Wochenende) *»gar nichts direkt für die Arbeit tun«*, da dies wahrscheinlich, gemessen an der zu erwartenden neuen Perspektive, ohnehin nutzlos und überflüssig sei. Die Therapeutin empfiehlt ihm, statt dessen zur Beschleunigung und Steigerung des Erfolgs der nächsten Sitzung schon einige *»Vorbereitungen«* zu treffen:

- Um sich ein klareres Bild von seiner Ausgangssituation zu verschaffen, soll er versuchen, sein schriftliches Material zu sichten und entsprechend der Verwertbarkeit für die verschiedenen Kapitel in getrennten Mappen zumindest vorläufig zu ordnen.
- Außerdem sei es zur Planung des weiteren Vorgehens sinnvoll, eine genauere Vorstellung über die für die einzelnen Kapitel zur Verfügung stehende Zeit zu gewinnen. A. soll deshalb, beginnend mit dem ersten Tag nach der nächsten Sitzung, schriftlich einen groben Zeitplan für die gesamte Arbeit erstellen.

Da der Klient selbst inzwischen deutlich sieht, daß er mit seinem bisherigen Arbeitsstil in eine Sackgasse geraten ist, zeigt er sich relativ schnell bereit, für eine festgelegte, kurze Zeit damit auszusetzen und sich auf die Entwicklung von Alternativen zu konzentrieren. In dem vereinbarten Telefongespräch am nächsten Abend

berichtet er, daß er den Zeitplan ziemlich detailliert und seiner Auffassung nach realistisch unter Berücksichtigung des Umfangs und Schwierigkeitsgrades der einzelnen Kapitel entwerfen konnte. Auch für Korrekturen, Tippen und für unvorhergesehene Schwierigkeiten hat er bereits Reservezeiten bzw. »Pufferzonen« einkalkuliert. Mit dem Ordnen der Materialien hatte er anfangs Schwierigkeiten; nachdem er jedoch für noch nicht eindeutig zuzuordnende Papiere eine gesonderte Mappe anlegte und sich auch entschließen konnte, einige nicht mehr zu entschlüsselnde Notizen wegzuwerfen, ist er jetzt fast fertig damit. Zum ersten Mal seit längerer Zeit hat er an diesem Tag wieder das Gefühl, etwas geschafft zu haben und dem unmittelbaren Druck nicht völlig hilflos ausgesetzt gewesen zu sein; er habe zwar wieder gemerkt, wie umfangreich die Arbeit werden wird, sei aber etwas zuversichtlicher, »sie doch noch schaffen zu können«. Mit dem Hinweis, daß dies schon eine gute und ausreichende Grundlage für den nächsten Kontakt sei, schlägt die Therapeutin während des Telefonats unverbindlich vor, A. könne evtl. noch zusätzliche *»Vorüberlegungen«* dazu anstellen, welche Schritte im einzelnen vollzogen werden müßten, wenn *»man«* sich die laut Zeitplan als erste anstehende Aufgabe, nämlich die Einleitung zu schreiben, als sachliches Problem stelle. Wenn ihm Ideen kämen, *wie* er das unter Voraussetzung seines jetzigen Material- und Kenntnisstandes anfangen würde, könne er sie ja notieren. (Mit dieser gewiß ich-fernen Formulierung versucht die Therapeutin, dem Klienten den Druck zu nehmen und so sein altes Verhalten »außer Kraft« zu setzen.)
Im Telefongespräch am nächsten Tag kann A. bereits einen detaillierten Entwurf für die Einleitung vorstellen: Er hat zunächst eine grobe Gliederung, dann eine Stoffsammlung dazu und schließlich eine Feingliederung für die Reihenfolge der einzelnen Gedanken entworfen. Er traut sich zu, die gesamte Einleitung auf dieser Grundlage jetzt sehr schnell schreiben zu können, und verspürt einen starken Drang dazu. Die Therapeutin rät ihm davon ab und empfiehlt ihm, statt dessen versuchsweise nur mit dem ersten Punkt anzufangen und sich dabei Zeit zur *Selbstbeobachtung* zu nehmen, damit noch bessere Kenntnisse über sein Vorgehen und über seine Fähigkeit gewonnen werden können, sich auf jeweils einen Punkt zu konzentrieren, ohne zu schnell darüber hinauszugehen.
In der am nächsten Tag folgenden Sitzung legt der Klient den betreffenden Teil der Einleitung fertig ausformuliert vor. Er hat

diese Arbeit zunächst in der »heimlichen Hoffnung« begonnen, vielleicht doch schon darüber hinaus weitere Abschnitte schreiben zu können, dann aber selbst festgestellt, daß er wieder versuchte, verschiedene Probleme gleichzeitig zu lösen, und dabei zunehmend unruhig wurde. Daraufhin entschloß er sich, erst einmal den Anfang fertig zu machen und es dabei zu belassen. Er schrieb eineinhalb Seiten in einer Stunde, und es fiel ihm dann auch relativ leicht abzubrechen, da er ja »ohnehin dem Zeitplan voraus« war.

Therapeut und Klient werten gemeinsam die Ergebnisse der »Vorüberlegungen« und die Erfahrungen der letzten Tage aus, um Lösungsstrategien für die in der nächsten Zeit anstehenden Probleme zu ermitteln; in diesem Zusammenhang wird der Klient gebeten, sein bisheriges Vorgehen noch einmal auf seine Angemessenheit im Hinblick auf die Problemstellung vergleichend einzuschätzen.

A. bezeichnet es selber als *günstig*, daß er in den letzten Wochen sein Vermeidungsverhalten zugunsten einer zeitlich intensiveren Beschäftigung mit den Inhalten aufgegeben hat. Dagegen findet er es *ungünstig:*

- daß er sich früher ohne vorhergehende Reflexion über die Strukturierung des Stoffes meist direkt in die Arbeit gestürzt hat. Die Einschätzung, daß das *Strukturieren* seine »schwache Seite« sei, hat er inzwischen relativiert; er sieht die Notwendigkeit und die Möglichkeit, es zumindest zu versuchen.
- daß er infolge dieses unsystematischen, ungezielten Vorgehens seine Energien verzettelt und laufend in Gefahr steht, sowohl von einem Kapitel zum anderen als auch von einem Einzelproblem zum anderen überzuwechseln. Hier sieht er allerdings auch den Einfluß steuernder Kognitionen bzw. Pläne: »Mach möglichst viel auf einmal, um schnell mit der Arbeit fertig zu werden!« und »Fang erst dann mit dem Schreiben an, wenn der Gesamtzusammenhang in allen Einzelheiten subjektiv und objektiv (Literatur) vollkommen klar und durchsichtig ist!« Er äußert von sich aus, daß es wohl für ihn notwendig sei, die Arbeit in Einzelaufgaben zu unterteilen, diese *nacheinander* zu lösen und sich jeweils nur auf einen Punkt zu beschränken.
- daß er die *Entscheidung* über die Auswahl bestimmter Inhalte und deren Formulierung zu lange vor sich herschiebt und daß er versucht, sich weitestgehend abzusichern, vor allem, wenn es um die Darlegung eigener Standpunkte geht. Diese Schwierigkeit stellt er in einen Zusammenhang mit den obengenannten Plänen; er räumt aber auch ein, daß hier wahrscheinlich die übergeord-

neten Pläne »Mach alles möglichst perfekt!« und »Setz dich möglichst keiner Kritik aus!« leitend sind.

Die *Konsequenzen* aus dem Gespräch werden als Arbeitsanweisungen für die nächste Zeit noch einmal formuliert und für den Klienten in sinnvoller Abfolge auf einem »Waschzettel« zusammengefaßt:

- Grobgliederung des Kapitels nach den vorgesehenen Hauptinhalten in Unterpunkte; Reihenfolge vorläufig festlegen!
- Stoffsammlung für den ersten Unterpunkt; Abfolge der Informationen bzw. der Argumentation entscheiden; den Zettel entsprechend durch Striche optisch untergliedern und durchnumerieren!
- Noch zu klärende Probleme markieren; Entscheidung, an welcher Stelle, mit welchen Hilfsmitteln und wie lange an der Klärung gearbeitet werden soll (möglichst: erst dann, wenn sie an der Reihe sind, ohne zusätzliche Literaturdurchsicht, zügig!).
- Ausformulierung des ersten Abschnitts beginnen und fertigstellen, bevor mit dem nächsten begonnen wird; währenddessen die folgenden Punkte mit einem Blatt abdecken!
- Alle inhaltlichen Schritte ganz knapp schriftlich machen!

Die Therapeutin führt dieses Vorgehen mit dem Klienten exemplarisch während der Therapiesitzung am nächsten Abschnitt seiner Einleitung durch, für die er die ersten Anweisungen ja bereits zu Hause ›realisiert‹. hat. Er traut sich zu, in den nächsten Tagen wie besprochen eigenständig weiterzumachen. Die jeweilige Arbeitsmenge bzw. -dauer soll in den geplanten Telefonkontakten genauer abgesprochen werden, jedoch den Zeitplan des Klienten und eine Höchstarbeitszeit von sechs Stunden täglich keinesfalls überschreiten. Die Therapeutin verbindet diese Aufforderung mit einer Aufgabe zur Selbstbeobachtung: »Wie fühle ich mich, wenn ich die bisherige ›hektische Verhaltenskette‹ durch Aufhören unterbreche?« und nennt als Grund dafür, daß A. seine innere Unruhe und Spannung noch besser kennenlernen müsse, um gegebenenfalls gegensteuern zu können.

Reflexion

Derzeitiger Problemstand: Vom »Examensarbeitsdruck« ausgehend kann als aktuelles Problem des Klienten formalsachlich definiert werden: Zu dem vorgegebenen Thema will er eine

Arbeit im Umfang von ca. 80–100 Seiten in der Zeit von dreieinhalb Monaten schreiben. Umfangreiches und ungeordnetes schriftliches Material sowie Vorstellungen zum Aufbau und Sachkenntnisse sind in unterschiedlichem Differenziertheitsgrad vorhanden. Die Inhalte müssen geordnet, ausgewählt und in einen zusammenhängenden Text überführt werden.

Ungünstige Strategien und Bedingungen: Der Klient bewegt sich mit seinen Versuchen in einem Anfangsstadium der Problemlösung, erweitert seinen Informationsstand und das Ausgangsmaterial noch laufend; er strukturiert nicht, sondern geht unsystematisch vor, befaßt sich in schnellem Wechsel mit unterschiedlichen Einzelproblemen, kann sich nicht für Aufbau und Formulierung bestimmter Abschnitte entscheiden.

Günstige Strategien und Bedingungen: A. hat bereits das frühere Vermeidungsverhalten zugunsten einer intensiveren Beschäftigung mit dem Problem aufgegeben: Er kann die Arbeit am Schreibtisch über längere Zeit durchhalten.

Reflexion im Hinblick auf Problemlöseprozeß und -fähigkeiten

Defizite: Der Klient führt weder eine genaue Analyse der Ausgangslage noch eine Aufgliederung des allgemeinen Ziels in zeitlich und inhaltlich klar definierte Teilziele durch, so daß er seine Strategien nur wahllos und ohne Rückmeldung über Erfolg einsetzen kann. So kommt es im Hinblick auf das nur vage vorgestellte allgemeine Ziel zu einer Folge von unzusammenhängenden Teilschritten, die auf einer vorläufigen Stufe steckenbleiben. Das sprunghafte Vorgehen kann nicht zu sichtbaren Erfolgen führen, sondern hinterläßt beim Klienten den Eindruck eines »ständig wachsenden Bergs von ungelösten Einzelproblemen«. Die Schwierigkeit scheint für A. also vor allem darin zu liegen, an richtiger Stelle einen *allgemeinen Problemlöseprozeß* in Gang zu setzen, und weniger darin, Teilschritte durchzuführen, wenn diese ausreichend bekannt sind.

Ansatz der therapeutischen Veränderung: Es muß zunächst verhindert werden, daß A. seine Strategien weiter impulsiv und unreflektiert einsetzt. Statt dessen sollen die bisher vernachlässigten Schritte nachgeholt werden, was allerdings einen gewissen inneren Abstand zum Problem voraussetzt. Indem sie die ersten Aufgaben nicht einfach als notwendige Teile des Problemlöseprozesses, sondern als »Vorbereitung« dazu deklariert, die das Finden der eigentlichen Strategien beschleunigen hilft, bestätigt und nutzt die Therapeutin einerseits den Drang des Klienten, möglichst schnell voranzukommen, und veranlaßt ihn andererseits zum Aufgeben der bisherigen »blinden Hektik«. Dadurch wird es ihm erleichtert, eine distanziertere Haltung einzunehmen. Die Konzentration richtet sich dabei zu Beginn vor allem auf die Teilprozesse ›*Problemanalyse*‹ und ›*Zielanalyse*‹; indem hier größere Klarheit gewonnen wird, werden gleichzeitig auch die Strategien auf allgemeiner und konkreter Ebene erweitert und entwickelt. Nach den bisherigen Erfahrungen scheint es erfolgversprechend, den eingeschlagenen Weg weiter zu verfolgen.

2. Phase: Verwirklichung neuer Lösungsmöglichkeiten (1.–4. Woche)

Der Klient berichtet, daß er das neue Arbeitsverhalten unter Zeitbegrenzung und entsprechend dem »Waschzettel« – in Ruhe jeden Einzelpunkt zu bearbeiten und dabei die anderen zugedeckt zu lassen – gleich von Beginn an verwirklichen konnte. Als sehr hilfreich erwies sich dabei die Selbstverbalisation »Du kannst ja (später) immer noch Literatur einfügen oder diesen Absatz wieder streichen«. Er berichtet aber wiederholt, daß sein innerer Drang und Anspruch, mehr zu arbeiten als verabredet, weiterhin in ganz starkem Maße vorhanden sei und es bestimmte »kritische« inhaltliche Stellen während des Arbeitens gebe, wo er jeweils sehr in Gefahr komme, in das altbekannte Verhalten von Grübeln mit anschließender innerer Hektik und »Panik« zurückzurutschen. Diese »kritischen Stellen« werden als Ansatzpunkte für eine Veränderung in unseren Gesprächen so lange erörtert, bis A. seine Lösungsform gefunden hat:

- Wenn er beispielsweise bei einem Nebenaspekt nicht sicher ist, wo er ihn einbringen soll, wird er ihn auf einem »Extrablatt« ausformulieren und zunächst mit ablegen (Ansatzpunkt der Veränderung: Verhalten-in-Situationen, Störaspekt »Unsicherheit« wird umfunktioniert zum Hinweisreiz für alternatives Bewältigungsverhalten).

- Tritt der beunruhigende Gedanke auf, daß er die Ideen nicht schnell genug niederschreiben könne, spricht er sie zuerst auf Tonband (Ansatzpunkt der Veränderung: Verhalten-in-Situationen, Störaspekt »negative Selbstverbalisation« wird umfunktioniert zum Hinweisreiz für konstruktive Selbstverbalisation).
- Zeitlich genaue Aufteilung des Tages mit Arbeitseinheiten von je 30 Min., werktags maximal 12 Einheiten, samstags und sonntags je 6 Einheiten (Klient beschließt jedoch, es am ersten Wochenende mit insgesamt 18 Einheiten zu versuchen) und Einhalten der Zeitbegrenzung durch Eintragen jeder Einheit auf einem Wochenplan (Ansatzpunkte der Veränderung: innere Verarbeitung, Veränderung der Standards in der Handlungsvorbereitung; Konsequenzen: Setzen positiver Verstärker).

Da A. nach wenigen Tagen in der Lage ist, seinen persönlichen Arbeitsrhythmus aufgrund der in der Therapie besprochenen Selbstbeobachtung grob zu definieren, wird gemeinsam besprochen, wie Inhalte und Arbeitstechniken sinnvoll diesem Rhythmus eingepaßt werden können: Da er vormittags besonders konzentriert arbeiten kann, wird A. in diesen Phasen neue Inhalte erarbeiten, die Nachmittage eher für Durchsicht und endgültige Ausformulierung verwenden; auftretende innere Unruhe wird A. ab jetzt als *Hinweisreiz* benutzen für eine erneute Entscheidung »weiterarbeiten oder Pause einlegen?«. Wegen der immer wieder auftretenden Kopf- und Körperschmerzen wird die Notwendigkeit eines Arztbesuches diskutiert und dieser vereinbart; es sollen Gesundheitsprobleme abgeklärt und negative Auswirkungen des körperlichen Befindens auf das Arbeitsverhalten vermieden werden.

Nach bitteren Erfahrungen mit dem ersten zeitlich überfrachteten Wochenende möchte der Klient schließlich den Zeitplan so verändern, daß samstags und sonntags nur je 6 Einheiten zu arbeiten sind; das kontinuierliche konzentrierte Durcharbeiten hat ihn zu sehr ermüdet, andererseits fürchtet er, nur mit größter innerer Unruhe am Wochenende ganz vom Schreibtisch wegbleiben zu können.

Die zunächst wöchentlich zweimal stattfindenden Therapiekontakte waren anfangs mit täglichen Telefonterminen gekoppelt; sie dienten dazu, den Klienten über den Tag hin zu stützen, zu verstärken und evtl. helfend einzugreifen. Nachdem inhaltliche Arbeit und Tagesrhythmus in Übereinstimmung gebracht worden waren, wurde es möglich, allein durch Telefonate den Klienten bei selbständigem Arbeiten und Entscheiden zu unterstützen. Schließlich konnten wir ganz von festen Telefonterminen zwischen den nun wöchentlichen Sitzungen abgehen, es wurde aber vereinbart, daß A. bei Schwierigkeiten mit der Verwirklichung unserer Planungen jederzeit anrufen könne. Inzwischen ist A. in der Lage, sein Arbeitsverhalten auch über mehrere Tage problemlos aufrechtzuerhalten, darüber ist er froh und erleichtert. Nach ca. dreieinhalb Wochen hat er jetzt das erste geschlossene Teilstück seiner Arbeit fertiggestellt.

Er berichtet erneut von häufigeren Kopfschmerzen sowie von Kreislaufbeschwerden und hat bereits selbständig einen erneuten Arzttermin vereinbart. Er nimmt weiterhin Schlaf- und Kopfschmerzmittel in überhöhter Dosis, hat aber die Einnahme von Beruhigungsmitteln aus eigener Initiative reduziert und will ab jetzt genau seinen Medikamentenkonsum beobachten. Trotz der Beschwerden arbeitet er gleichmäßig und ausdauernd innerhalb seines Programms weiter. Wir besprechen noch einmal eine sinnvolle Tageseinteilung mit ausgewogenen Ruhepausen (Mittagsschlaf) und regelmäßiger Ernährung, da er in Gefahr ist, dies etwas zu vernachlässigen. Auch weiterhin gilt die Vereinbarung, daß A. bei Bedarf jederzeit anrufen kann.

Reflexion

Derzeitiger Problemstand: Die eingeführten Veränderungen der ersten Phase haben sich in erwünschter Richtung ausgewirkt: Der Klient

- kann strukturieren und Texte schriftlich formulieren,
- hat ein erstes Teilstück der Arbeit in angemessener Zeit fertiggestellt,
- hat für den jeweils zu bearbeitenden Textteil klare Ziel- und Teilzielvorstellungen und Strategien (»Schritt-für-Schritt-Vorgehen«: Waschzettel - Gliederung erstellen - Abdecken der übrigen Punkte - Formulieren eines Einzelpunktes),
- kann sich jetzt besser mit vorläufigem Stehenlassen von Formulierungen zufriedengeben und
- findet für dieses neue Vorgehen selbständig positive Selbstverbalisationen.

Schwierigkeiten: Er kann an inhaltlich »kritischen Stellen« diese Trennung der einzelnen Schritte voneinander noch nicht durchhalten, hier kommt es zum Rückfall in alte Verhaltens-

muster. Zum Teil überfordert er sich noch zeitlich.
Gemeinsamer Lösungsansatz: Verbesserung der neuen Strategien durch arbeitstechnische Hilfen (»Extrablatt« ausformulieren; Tonband benutzen); angemessene Reduktion der Zeitplanung.
Reflexion im Hinblick auf Problemlöseprozeß und -fähigkeiten: Der Klient nimmt aufkommende »kritische Stellen« frühzeitig wahr, setzt dort jedoch noch nicht flexibel mit dem Problemlöseprozeß ein (Zielanalyse, Strategienwahl).
Ansatz: Das akute subjektive Unbehagen an »kritischen Stellen« wird zum Hinweisreiz umfunktioniert. Der Klient soll vom konkreten, inhaltlichen Problem zunächst Abstand nehmen, indem er sich den ursprünglichen Ausgangs- und Zielzustand vergegenwärtigt und die Angemessenheit seiner Strategien daraufhin überprüft.

3. Phase: Erste »Flaute«: körperliche Beschwerden (5. Woche)

Der Klient sagt überraschend den nächsten Termin ab: Er habe Fieber, das sei bei ihm aber auch früher schon des öfteren für ein bis drei Tage aufgetreten. Wenige Tage später berichtet er am Telefon, daß er trotz Fieber weiterhin durchgearbeitet habe. Er wundert sich selbst, daß das klappte, hat allerdings das Gefühl, nur langsam voranzukommen, und fühlt sich deshalb wieder unter innerem Druck. Er rechnet deshalb Besprechungsphasen, die er inzwischen nach der Ausformulierung von Teilstücken jeweils mit seiner Freundin einlegt, nicht zu den vereinbarten 12 Arbeitseinheiten hinzu. Wenn er sich in Pausen hinlegt und ihn dann doch Gedanken zu den Inhalten beschäftigen, spricht er sie direkt auf Tonband. Einmal im Verlauf dieser Woche ist er dann aber doch in der Lage gewesen, abends mit überraschendem Besuch auszugehen, er schaffte das mit Hilfe der Selbstverbalisation »heute, finde ich, habe ich genug getan«. Trotzdem stellt er jetzt bereits wieder Überlegungen darüber an, ob er das im Zeitplan für eine kleine Reise freigehaltene kommende Wochenende nicht doch durcharbeiten soll.

Die Therapeutin weist ihn eindringlich darauf hin, der Gesundheit zuliebe die Arbeit auch zeitweise hintanzustellen und auf jeden Fall die 12 Arbeitseinheiten pro Tag weiterhin lediglich als definierte Obergrenze zu verstehen und sich außerdem aus gesundheitlichen Gründen wie auch als Verstärker die Wochenendreise auf jeden Fall zu gönnen.

In der nächsten Sitzung berichtet A., daß er in den letzten Tagen ein Teilkapitel fertiggestellt, aber seiner Meinung nach dennoch nicht so viel gearbeitet habe wie mit Fieber in der Woche davor. Er fühlt sich noch sehr ausgelaugt durch den Fieberschub der letzten Woche, zum Arzt sei er aber nicht gegangen, denn »da muß man so lange warten«.

Mit dem in den letzten Tagen geschriebenen Text ist er nicht recht zufrieden, er sei nicht ausführlich genug und auch nicht besonders gut formuliert. Einerseits betrachtet er es als neue Leistung, daß er jetzt einmal etwas kurz und bündig habe schreiben und dann auch ablegen können, andererseits fühlt er sich von den verbleibenden Unzufriedenheitsgefühlen recht geplagt. Innerhalb des Gesamtzeitplans liegt er mit dem derzeitigen Vorankommen bei der Arbeit so günstig, daß er sich in Ruhe mit jedem Teilpunkt befassen und dazwischen Pausen gönnen könnte; sein Gefühl ist angesichts dieser Zeitperspektive aber dennoch: »Vielleicht solltest du doch heute noch mit dem nächsten Teilpunkt anfangen!« Vor dem nächsten zu bearbeitenden Abschnitt ist ihm etwas mulmig, er weiß wieder nicht recht, wie er ihn angehen kann, und denkt voll Unruhe: »Wer weiß, wieviel Zeit ich dafür womöglich verbrauche.« Im Gespräch wird deutlich, daß ihm die Rahmenbedingungen (Form, Notwendigkeit von Zitaten) zu diesem Abschnitt unklar sind und sich seine Unruhe von daher steigert. Ein Anruf des Klienten bei seinem Betreuer hilft, die Frage direkt zu klären. Danach wird gemeinsam ein Grobraster für den Aufbau des anstehenden Abschnittes durchgesprochen; der Klient ist – durch die Beantwortung der obengenannten Frage jetzt viel ruhiger geworden – in der Lage, dieses Raster weitgehend selbständig zu entwerfen.

Wie er berichtet, fühlt er sich immer wieder von Kopfdruck und Kopfschmerzen belastet; er geht im Moment dagegen an, indem er versucht, viel Schlaf zu bekommen (über Mittag und abends ab ca. 20.30 h); er schläft allerdings sehr unruhig, steht nachts 10–12mal auf, liest dann in (Fach!-)Zeitschriften und versucht so sich abzulenken. Er äußert, daß ihn das alles aber nicht abhalten werde weiterzuarbeiten.

Die Therapeutin weist ihn darauf hin, daß dieses Umgehen mit sich

selbst sehr schnell in die Gefahr psychischer und physischer Erschöpfung, Frustration und Arbeitsunlust führen könne. Der mittelfristige Zeitplan wird noch einmal im Detail durchgesprochen und unter erstmaligem Ausnutzen der im Gesamtplan eingebauten Zeitreserven (›Pufferzone‹) reduziert. Es fällt in dieser Besprechung wieder auf, daß A. die stofflichen Einzelheiten auswendig präsent hat und mit Leichtigkeit darlegen kann. Diese Fähigkeit wird in allen Phasen der Therapie dazu genutzt, dem Klienten über seine Schwierigkeiten beim schriftlichen Darlegen von Inhalten hinwegzuhelfen:
A. formuliert den inhaltlichen Aufbau eines Kapitels zunächst mündlich, und diese Ausführungen – auf Tonband festgehalten oder gleich z. B. von der Therapeutin mitnotiert – bilden dann die Grundlage für die schriftlichen Abfassungen. Der Klient vernachlässigt zum derzeitigen Zeitpunkt noch, in einem größeren Rahmen zu strukturieren und Teilziele zu definieren und auszugliedern.

Reflexion

Derzeitiger Problemstand:
- Erschwerung der Arbeitssituation durch Fieber und körperliche Labilisierung.
- Der Klient verwendet die ungünstige Strategie des zähen, gequälten Weiterarbeitens mit teilweisem Überschreiten der zeitlichen Begrenzung (»mehr desselben«).
- Dem Klienten gelingt gelegentlich eine Reduktion seiner inhaltlichen Ansprüche; er kann jetzt etwas, das er kurz und bündig niedergeschrieben hat, auch stehenlassen.
- Keine Verzögerung im Gesamtzeitplan.

Schwierigkeiten: Er ist gesundheitlich nicht auskuriert; es besteht noch keine Reduktion seiner zeitlichen Ansprüche; seine geschwächte Kondition und damit eine Erschwerung der Arbeitsbedingungen bleiben bestehen.
Gemeinsamer Lösungsansatz: Da optimales Vorgehen (Arztbesuch und sofortiges Auskurieren) bereits versäumt wurde, jetzt Reduktion der Arbeitsanforderungen.
Reflexion im Hinblick auf Problemlöseprozeß und -fähigkeiten: Unter Belastungsbedingungen werden die alten Strategien (»mehr desselben«) -zuungunsten inzwischen erworbener Problemlösefähigkeiten – wieder aktiviert ohne Erwägung der

längerfristigen Konsequenzen. Die neuformulierten Regeln und Pläne bzgl. seiner Leistungsstandards wendet er pauschal an, anstatt sie auf die jeweils konkrete (hier körperliche) Situation hin zu differenzieren.
Ansatz: Hinlenken der Aufmerksamkeit auf die Konsequenzen führt zur Ausdifferenzierung der Standards für unterschiedliche aktuelle Bedingungen.

4. Phase: Weiterarbeit und Zwischenbilanz (6. u. 7. Woche)

Der Klient hat ein erstes umfangreicheres Teilstück seiner Arbeit pünktlich fertigbekommen. Er hat sich an die abgesprochene Reduktion der Arbeitszeit gehalten, sein körperliches Befinden hat sich gebessert, und in der zweiten Woche konnte er auf das zeitliche Normalmaß zurückkehren. Bei der letzten Überarbeitung allerdings hat er, einfach um die Sache zu Ende zu bringen, seine Arbeitseinheiten einmal um eine Stunde überzogen. Auf die Frage, ob er nicht anschließend das Gefühl und den Anspruch bei sich gespürt habe, »dann kann ich ja heute auch gleich mit dem nächsten Teil anfangen!«, antwortet er lachend, das sei überhaupt nicht der Fall gewesen, und das habe er als ein neues, befreiendes Gefühl erlebt. Gemeinsam wird dann eine *Zwischenbilanz* gezogen unter der Fragestellung: Wie sehen wir im Moment den Problemstand, verglichen mit der Zeit zu Beginn unserer Zusammenarbeit vor einigen Wochen? Der Klient meint, für ihn sei die Lage »schon total anders« und wesentlich besser geworden. Seine Arbeit und das Durchhalten in der bisher praktizierten Form seien ihm weiterhin das Wichtigste und Vordringlichste. Als die grundlegenden Faktoren der Verbesserung nennt er im Zusammenhang mit seiner Arbeit das veränderte Vorgehen von zunächst Stoffsammlung, dann Strukturierung und Gliederung und danach »Punkt-für-Punkt«-Ausformulierung sowie das gleichzeitige Einhalten zeitlich begrenzter Arbeitseinheiten. Er hat beobachtet, daß er dadurch inzwischen ruhiger arbeiten und bei Unsicherheiten sich leichter entscheiden kann und daß es ihm ferner gelingt, in den Pausen besser abzuschalten. Er hat bei sich bemerkt, daß er sich jetzt infolge dieser Veränderungen auch wieder mehr für andere Men-

schen und Dinge interessiert und aufgrund der planvolleren Arbeitsweise mehr Zeit für Geselligkeit und Erholung hat.
Er hat inzwischen selbständig seine Partnerin in die Arbeit einbezogen (Korrekturlesen, Formulierungen verbessern); diese Zusammenarbeit sieht er als hilfreiche Notwendigkeit. Gleichzeitig bedeutet sie nach den langen Monaten der fast ausschließlichen und isolierten Beschäftigung mit seiner Arbeit eine Belebung der Beziehung für ihn und seine Partnerin; er freut sich auch ausgesprochen darüber, daß sie sich so für ihn einsetzt.
Konsequenzen für die weitere Arbeit: Der Klient wird weiterhin pro Werktag 8-12 Einheiten lang arbeiten, an Wochenenden jeweils die Hälfte. In den Therapiesitzungen werden wir uns in nächster Zeit noch auf die Examensarbeit konzentrieren, wenn auch schon weitere Problembereiche miteinbezogen werden können.
Die Tablettenmenge möchte A. jetzt schon in eigener Regie versuchsweise reduzieren, um zu sehen, wieviel Kraft ihn das kostet. Regelmäßige Telefonkontakte werden nicht mehr verabredet; wir treffen jedoch die Vereinbarung, daß A. anruft, wenn er unter die Grenze von acht Zeiteinheiten pro Tag sinkt.

Reflexion

Derzeitiger Problemstand: Der Klient hat ein umfangreiches Teilstück seiner Examensarbeit pünktlich fertiggestellt, befindet sich also weiterhin innerhalb des Zeitplans; sein innerer Leistungsdruck hat sich reduziert.
Reflexion im Hinblick auf Problemlöseprozeß und -fähigkeiten: Der Klient scheint mit seinen Strategien die geplanten Aufgaben bewältigen zu können. Bei weiterer Aufrechterhaltung dieses Arbeitsvorgehens ist die Erreichung des langfristigen Zieles absehbar. A. ist nicht mehr ausschließlich durch die Examensarbeit absorbiert und verändert selbständig seine isolierte Arbeitssituation. Ein fading-out der therapeutischen Stützung und Hilfe in bezug auf die Arbeitsproblematik erscheint möglich.

5. Phase: Zweite »Flaute« durch Mißerfolge und Motivationsschwankungen (8./9. Woche)

Nachdem A. in der letzten Woche sehr zügig ein weiteres Kapitel geschrieben und damit etwa zwei Drittel der Arbeit fertiggestellt hat, kommt es noch einmal zu *Rückschritten* in mehrfacher Hinsicht. Er berichtet, daß ihm ein kleiner zeitlicher Vorsprung innerhalb seines Plans, auf den er sehr stolz war, bereits am Wochenende wieder verlorenging: Er hatte vor längerer Zeit mit dem Betreuer der Arbeit in einem Gespräch über die Schwierigkeiten – in dem dieser durchaus Verständnis zeigte – vereinbart, ihm den Text nach Abschluß des betreffenden Kapitels in erster Fassung einmal zur Rückmeldung vorzulegen. Obwohl A. von einer grundsätzlichen Übereinstimmung der Beurteilungsstandards ausgeht, zögerte er dies etwas hinaus und bat zuvor einen Kommilitonen aus dem Projekt um dessen Einschätzung. Dieser äußerte zu zwei größeren Abschnitten abweichende Vorstellungen und schlug die Einbeziehung zusätzlicher Aspekte vor, was beim Klienten starke *Zweifel an der Qualität seiner bisherigen* Arbeit überhaupt hervorrief. Total verunsichert versuchte er am Wochenende, die kritisierten Teile neu zu entwerfen, war aber mit den Veränderungen sehr unzufrieden. Die aufkommende Unruhe veranlaßte ihn schließlich, beide Alternativen erst einmal nüchtern miteinander zu vergleichen, an seinen eigenen Zielen der Darstellung zu messen, und er entschied sich daraufhin für die Beibehaltung der früheren Fassung. Er gab diese dann kurz entschlossen und recht zuversichtlich beim Betreuer ab, ärgert sich jetzt allerdings über den Zeitverlust. An diesem Vorfall ist ihm deutlich geworden, daß er sich sofort fraglos an der Kritik des Kommilitonen orientiert und seine eigene Konzeption ohne Zögern verworfen hatte.

Das Vorgehen für die Abfassung des letzten Drittels der Arbeit wird in der Therapiesitzung der 8. Woche auf der Grundlage der Ansätze des Klienten besprochen. Er verspürt dieser Aufgabe gegenüber ein starkes *Unbehagen,* einmal weil er sich nach der bisherigen Anstrengung ziemlich »ausgelaugt« fühlt und noch immer ein großes Stück vor sich hat, zum anderen weil es dabei um sehr komplexe Inhalte geht, nämlich um die Darstellung der Auswertungsergebnisse und deren Diskussion in bezug auf die Hypothesen der Arbeit. Hierzu existiert eine Unmenge von Material, mit dem A. sich schon vor Beginn der Therapie wiederholt ausgiebig, gleichzeitig jedoch erfolglos beschäftigt hat. Er schätzt seine mo-

mentane Motivation ziemlich gering ein und macht sich auch Sorgen, daß er den Überblick verlieren und dann wieder in die damalige »Panik« zurückfallen könnte.
Nachdem A. den Einstieg in diesen Teil bereits einen Vormittag lang vor sich hergeschoben hatte und merkte, daß er innerlich immer unruhiger wurde, entschloß er sich, für diesen Tag Pause zu machen, und faßte für den nächsten den Plan, zunächst das bereits vorhandene Material in Ruhe zu sichten und auszuwählen und erst im Anschluß einen Strukturierungsversuch zu machen. Bei der Durchführung gewann er wieder zunehmend Sicherheit und »Durchblick«, und er konnte den zu bearbeitenden Stoff sogar etwas eingrenzen und reduzieren, indem er sich dafür entschied, auf Teile seiner früheren Notizen nicht mehr zurückzugreifen. In der Therapiesitzung wird nun gemeinsam überlegt, wie der Klient sich gegen chaotische Arbeitsweise und »Panik« absichern kann. Die seit Beginn der Therapie verfolgten Strategien werden noch einmal rekapituliert. Dabei betont die Therapeutin besonders, daß der Klient sich beim Einstieg in die Arbeit Zeit lassen soll für vorbereitende Überlegungen und daß er bei Unlustgefühlen die inhaltlichen Schritte möglichst klein halten soll. Darüber hinaus wird die in letzter Zeit von A. etwas nachlässiger wahrgenommene Obergrenze von 12 bzw. 6 Einheiten wieder als »äußerstes Maximum« fest vereinbart. Außerdem wird nochmals – um den zu erwartenden Motivationsschwankungen Rechnung zu tragen – an die »Minimalzeit« von 8 Einheiten erinnert, bei deren Unterschreitung A. sich sofort telefonisch mit der Therapeutin in Verbindung setzen soll.
Der Klient ruft erst einen Tag vor der nächsten Sitzung an: Obwohl er in der letzten Woche dreimal unter der Minimalzeit geblieben ist, konnte er sich vorher nicht zu einem Anruf entschließen. Als Gründe nennt er, daß er die Therapeutin »nicht enttäuschen wollte, nachdem es vorher so lange gut geklappt hat«, daß er aber vor allem auch den Eindruck hatte, allein mit den Motivationsschwierigkeiten fertig werden zu können und zu müssen. Im Therapiekontakt berichtet er dann, daß ihm anfangs trotz vorheriger Gliederung die Darstellung immer unübersichtlicher, uneinheitlicher und widersprüchlicher geriet. Seine Unruhe und Verwirrung wuchsen, und er produzierte wie früher eine Menge neuer Notizzettel, bis er sich selber schließlich energisch stoppte, seine Strukturierung überprüfte und mit dem Text verglich. Er bemerkte dann, daß die Gliederung nicht detailliert genug war und daß er bei der Abfassung öfter zwischen zwei alternativen Formen gewech-

selt hatte. Nachdem er beide stichwortartig noch einmal notiert hatte, konnte er sich nach einer kurzen Abwägung bald für eine entscheiden. Er hat jetzt klarere, detaillierte Vorstellungen zu den kommenden Abschnitten und auch wieder mehr Lust, diese in Angriff zu nehmen. Rückblickend meint er, daß der Motivationsverlust der letzten Tage eng mit den inhaltlichen Problemen zusammenhing. Da Kopfschmerzen und innere Anspannung in der letzten Woche wieder verstärkt auftraten, wurde dem Klienten die enge Verbindung dieser Schwierigkeiten mit den Arbeitsproblemen noch einmal sehr deutlich bewußt. Die geplante Herabsetzung der Medikamentendosis hat er allerdings – teilweise wegen der Arbeitsschwierigkeiten – noch nicht versucht; er will in der nächsten Woche aber unbedingt damit anfangen.

Reflexion

Derzeitiger Problemstand: Der Klient steht vor einem inhaltlich neuen Teil mit qualitativ andersartiger Aufgabenstellung. Er fühlt sich relativ schwach motiviert aufgrund der Frustration in den letzten Tagen und vor allem aufgrund unangenehmer Vorerfahrungen mit diesem Teil. Er befürchtet die Wiederholung von Mißerfolgen und eine entsprechende emotionale Belastung; er sieht eine längere »Durststrecke« vor sich.
Positive Bedingungen: A. erkennt die Motivationsprobleme ziemlich früh, führt einzelne Arbeitsschritte in tendenziell angemessener Reihenfolge durch: verschafft sich einen Überblick über den Stoff, findet zumindest kurzfristig im Hinblick auf Teilziele effiziente Lösungen.
Negative Bedingungen: Er hat die Ausdifferenzierung der Gesamtstruktur nur jeweils punktuell geleistet und gerät dadurch in eine uneinheitliche und widersprüchliche Darstellung, verfolgt dadurch gleichzeitig unterschiedliche Teilziele.
Eigener Lösungsansatz: A. bemerkt das Dilemma frühzeitig, arbeitet verschiedene Differenzierungsalternativen aus und trifft eine Entscheidung.
Reflexion im Hinblick auf Problemlöseprozeß und -fähigkeit: Das Problem erschien dem Klienten zwischenzeitlich wieder schwerer lösbar (Unsicherheit, Unlust, Zeitverlust), trotzdem setzt er mit Problemlöseprozessen selbständig ein und pro-

biert neue Strategien aus; er gerät trotz einiger Mißerfolge nicht mehr längerfristig in eine Arbeitsweise nach dem Prinzip »mehr desselben«, sondern kommt zu einer umfassenderen Problemsicht und Zieldifferenzierung. Die Ableitung günstiger Strategien scheint ihm keine Schwierigkeiten mehr zu bereiten. Es zeigt sich, daß das, was sich auf der Ebene des konkreten Problems zunächst als »Flaute« darstellt, bei der Betrachtung der allgemeinen Problemlösefähigkeit letztlich einen Erfahrungszuwachs und somit auch einen Fortschritt bedeutet.

6. Phase: Wachsende Selbständigkeit im »Endspurt« (10.-12.Woche)

In den nächsten drei Wochen gelingt es dem Klienten, die vorhergehende »Motivationsflaute« weitgehend zu überwinden. Dadurch, daß er klarere Vorstellungen zum Aufbau des letzten Teils entwickelt hat, ist er besser in der Lage, die Menge der Einzelergebnisse zu ordnen und in ihrem Stellenwert für die verschiedenen Hypothesen und für die allgemeine Fragestellung einzuschätzen. Er erkennt auf diese Weise eine Vielzahl inhaltlich neuer Aspekte und wechselseitiger Bezüge, deren schriftliche Darstellung sich teilweise als schwierig und unerwartet umfangreich erweist. A. läßt sich aber von der Komplexität des Stoffes kaum noch überwältigen, die Aufgabenstellung ist in seinen Augen vielmehr dadurch reizvoller und interessanter geworden. Falls er den Überblick doch einmal zu verlieren droht, geht er relativ schnell »zurück« und vergegenwärtigt sich noch einmal die jeweilige Fragestellung im Zusammmenhang mit der allgemeineren Gliederung. Seine Motivation wird außerdem auch durch positive Rückmeldung des Betreuers zum ersten Teil der Arbeit erhöht sowie durch die Tatsache, daß A. jetzt zunehmend wieder die Diskussion mit Kommilitonen aus dem Projekt sucht, mit denen er einzelne Abschnitte bespricht. Er habe dabei keine so große Angst mehr, durch kritische Einschätzungen völlig außer Fassung zu geraten, weil er sich selbst seiner Ziele und Auffassungen deutlicher bewußt sei. Auch die Therapeutin gewinnt den Eindruck, daß A. den Stoff recht souverän beherrscht, da er in der Therapiesitzung zur Erläuterung seines Vorgehens bestimmte Beispiele umfassend und prägnant darstellen

kann. Wenn A. momentan überhaupt noch von Strukturierungsproblemen spricht, nennt er gleichzeitig immer schon eigene Überlegungen und Ansätze zur Lösung.
Problematisch ist in diesen Wochen wohl nur die Schwierigkeit, das Interesse des Klienten an einer intensiven und ausführlichen Beschäftigung mit der Abfassung der Arbeit mit der noch zur Verfügung stehenden Zeit in Einklang zu bringen. Es fällt A. häufiger schwer, auf die Darstellung bestimmter Gedanken und Ideen zu verzichten und sich kurz zu fassen. Obwohl er im allgemeinen Zeitplan einen recht guten Stand hat, zeigt er jetzt im Unterschied zur vorhergehenden Phase wieder verstärkt die Tendenz, die Obergrenze für die Arbeitszeit zu überschreiten. Dafür sind »Anfälle von Hektik« ganz selten geworden, und der Klient kann sich dann auch sehr schnell wieder kontrollieren und beruhigen. Er setzt dazu rechtzeitig und erfolgreich *Selbstverbalisationen* ein, sagt sich beispielsweise: »Immer eine Sache nach der anderen!« oder »Geh in Ruhe vor, sonst kommst du gar nicht weiter!«. Eine optische Selbstkontrolle in dem Sinne, daß er z. B. alles, was nicht unmittelbar zum Einzelabschnitt gehört, wegräumt oder auf dem Papier zudeckt, ist kaum noch nötig. Aufgrund der Fortschritte im Arbeitsverhalten und in der Selbständigkeit des Klienten läßt sich in dieser Phase die Zahl der Therapiesitzungen auf insgesamt 2 beschränken.

Reflexion

Derzeitiger Problemstand: Die konkrete Arbeitsaufgabe für A. besteht momentan in der Darstellung und Diskussion der Auswertungsergebnisse. Es bestehen Vorstellungen zum inhaltlichen und formalen Aufbau dieses Teils, eine entsprechende Ordnung der Ausgangsmaterialien ist geleistet.
Günstige Strategien und Effekte: Der Klient differenziert die Grobgliederung selbständig, indem er für jeden Abschnitt eine Feinplanung vornimmt, die er bisher auch realisieren konnte; er geht ruhig und systematisch vor und nähert sich so der termingerechten Fertigstellung der Arbeit. A. gewinnt wieder Freiraum, sich den inhaltlich interessanten Aspekten zu widmen und die Diskussion mit anderen darüber aufzunehmen. Dadurch steigert sich seine Motivation erheblich.

Ungünstige Strategien und Effekte: A. stellt sich zu selten die Frage, ob er auf die Einbeziehung bestimmter Gesichtspunkte nicht auch verzichten kann; er neigt dazu, sehr ausführlich zu schreiben und den täglichen Zeitplan zu überschreiten.
Reflexion im Hinblick auf Problemlöseprozeß und -fähigkeiten: Da der Klient die konkreten Probleme mit seiner Arbeit zunehmend selbständig bewältigt, treten Überlegungen dazu in den Therapiesitzungen stärker in den Hintergrund; statt dessen rückt die Ausformung seiner allgemeinen Problemlösekompetenzen in den Vordergrund. Obwohl diese Arbeitsphase aufgrund der Komplexität des Stoffes viele Gefahrenstellen für Rückfälle in sich birgt, gelingt es A. inzwischen immer besser, rechtzeitig umfassende Problemlöseprozesse in Gang zu setzen und auf allen Stufen eigenständig durchzuführen. Zu betonen sind hier vor allem seine Fähigkeiten zur Differenzierung der Problemstellung und der Zielbestimmung. Die Generalisierung dieses Vorgehens auf andere Problembereiche ist bisher noch nicht zur Sprache gekommen.

Schlußbetrachtung

In der 12. Woche wurde voraussehbar, daß A. jetzt in der Lage sein würde, die Arbeit ohne Hilfe der Therapeutin - evtl. unter Einbeziehung von Partnerin und Kommilitonen - termingerecht fertigzustellen.
Von daher erschien es nicht notwendig, für die nächsten drei Wochen noch einen Termin zu vereinbaren; wir trafen lediglich die Absprache, daß A. sich bei aufkommenden Schwierigkeiten von sich aus melden solle.
Eine *gemeinsame abschließende Gesamtbetrachtung* des bisherigen Veränderungsprozesses sowie Überlegungen zur gezielten Bearbeitung der Tablettenproblematik sollte kurze Zeit nach Abgabe der Examensarbeit stattfinden.
In dieser nach einer längeren Pause gemeinsamer Therapiearbeit sich anschließenden Sitzung berichtet A., daß er sich im Verlauf der letzten Wochen zunehmend fähig gefühlt hat, im Zusammenhang mit der Arbeit auftretende Probleme selbständig zu bewältigen. Er

reagiere auf Schwierigkeiten nicht mehr mit bloßer Intensivierung der schon vorher eingesetzten Strategien, sondern sei jetzt besser in der Lage, das jeweilige Problem aus größerem Abstand zu betrachten, zu reflektieren und dann in einen differenzierteren Problemlöseprozeß einzusteigen. Dabei erlebe er immer weniger innere Unruhe und Angst vor der Beurteilung seiner Leistung durch andere und stelle bei Unsicherheiten eine wachsende Fähigkeit zu eigenen, raschen Entscheidungen fest.

Die Examensarbeit ist inzwischen fertiggestellt und abgegeben – das erste konkrete Problem kann damit als gelöst betrachtet werden. Der Stand der Tablettenproblematik hat sich in der Zwischenzeit zwar verbessert, kann aber noch nicht als zufriedenstellend bezeichnet werden.

Die sich darauf beziehende Behandlung in der Folgezeit soll hier nicht weiter beschrieben werden. Sie fand in enger Zusammenarbeit mit entsprechenden Fachärzten statt. Auch bei der Arbeit in diesem Problembereich wurde gemeinsam darauf hingearbeitet, daß der Klient seine ihm schon zur Verfügung stehenden Problemlösefähigkeiten zum Einsatz brachte und zugleich weiterentwickelte.

Literaturverzeichnis

Bandler, R., Grinder, J., Satir, U. (1978): Mit Familien reden. München: Pfeiffer.

Bandura, A. (1977): Self-efficacy: toward a unifying theory of behavioral change. Psychological Review. 1984 (2), S. 191–215.

Bartling, G., Echelmeyer, L. (1996): Von der Klassik zur Moderne: Problemanalyse nach dem »Münster-Leitfaden«. In: Reinecker, H., Schmelzer, D. (Hrsg.) (1996). Verhaltenstherapie, Selbstregulation, Selbstmanagement: Frederick H. Kanfer zum 70. Geburtstag (S.165–184). Göttingen; Bern; Toronto; Seattle: Hogrefe.

Bartling, G., Echelmeyer, L., Engberding, M., Krause, R. (1980 a): Problemanalyse im therapeutischen Prozeß. Stuttgart: Kohlhammer.

Bartling, G., Fiegenbaum, W., Krause, R. (1980 b): Reizüberflutung. Theorie und Praxis. Stuttgart: Kohlhammer.

Bartling, G., Echelmeyer, L., Engberding, M. (1987): Die Rolle innerer Verarbeitungsprozesse in der Analyse von Handlungsabläufen. In: Caspar, F. (Hrsg.) (1987): Problemanalyse in der Psychotherapie. Bestandsaufnahme und Perspektiven. (Forum für Verhaltenstherapie und psychosoziale Praxis; 13). Tübingen: dgvt-Verlag.

Baumann, U. (1990): Klassifikation. In: Baumann, U., Perrez, M. (Hrsg.): Klinische Psychologie. Bd. 1: Grundlagen, Diagnostik Ätiologie. Bern: Huber.

Baumann, U., Perrez, M. (Hrsg.) (1991): Klinische Psychologie. Bd. 2: Interventionen. Bern: Huber.

Beck, A.T. (1976): Cognitive therapy and the emotional disorders. New York: International University Press.

Beck, A. T., Rush, A. J., Shaw, B. F., Emery, G. (1992): Kognitive Therapie der Depression. (3. Aufl.) Weinheim: Psychologie Verlags Union.

Belschner, W., Dross, M., Hoffmann, M., Schulze, Ch. (1979): Sozialangst und Normunsicherheit als Vorläufer von Zwangsverhalten. Ein Resümee aus der ambulanten Behandlung von Zwangsverhalten. In: Kallinke, D., Lutz, R., Ramsay, R. W. (Hrsg.): Die Behandlung von Zwängen. Eine verhaltenstherapeutische Kontroverse. München: Urban & Schwarzenberg, S. 175-188.

Bertelmann, M.; Jansen, J., Fehling, A. (1996): Qualitätsmanagement in der psychotherapeutischen Praxis. Report Psychologie 11/12, 892–901.

Bommert, H., Hockel, M. (Hrsg.) (1982): Therapieorientierte Diagnostik. Stuttgart: Kohlhammer.
Braun, P. (1978): Arbeitsstörungen. In: Pongratz, J. L. (Hrsg.): Handbuch der Psychologie, Bd. 8 (2), Klinische Psychologie. Göttingen: Hogrefe, S. 2313-2371.
Braun, U. (1997). Qualitäts-Monitoring: Ein praktikables Ergebnis-Feedback-System für die Psychotherapie. In: Laireiter, A.-R., Vogel, H.: Qualitätssicherung von Psychotherapie - Ein Werkstattbuch.
Buytendijk, F.J.J. (1956): Allgemeine Theorie der menschlichen Haltung und Bewegung. Berlin: Springer.
Caspar, F. (1986): Die Plananalyse als Konzept und Methode. Verhaltensmodifikation, 7, 4, 235–256.
Caspar, F. (Hrsg.) (1987): Problemanalyse in der Psychotherapie. Bestandsaufnahme und Perspektiven. (Forum für Verhaltenstherapie und psychosoziale Praxis; 13). Tübingen: dgvt-Verlag.
Caspar, F. (1989): Beziehungen und Probleme verstehen. Eine Einführung in die psychotherapeutische Plananalyse. Bern: Huber.
Caspar, F. (Hrsg) (1996a). Psychotherapeutische Problemanalyse. (Forum für Verhaltenstherapie und psychosoziale Praxis; Bd. 23).Tübingen: dgvt-Verlag.
Caspar, F. (1996b): Was ist aus der guten alten Verhaltensanalyse geworden? In: Caspar, F. (Hrsg.) (1996 a): a.a.O., S. 7–43.
Caspar, F., Grawe, K. (1981): Widerstand in der Verhaltenstherapie. In: Petzold, H. (Hrsg.): Der Widerstand: Ein strittiges Konzept in der Psychotherapie. Paderborn: Junfermann, S. 349-384.
Caspar, F., Grawe, K. (1996). Was spricht für, was gegen individuelle Fallkonzeptionen? - Überlegungen zu einem alten Problem aus einer neuen Perspektive. In: Caspar, F. (Hrsg.) (1996a). Psychotherapeutische Problemanalyse.(Forum für Verhaltenstherapie und psychosoziale Praxis, Bd. 23) (S. 65–85). Tübingen: dgvt-Verlag.
Clauß, G. u. a. (Hrsg.) (1976): Wörterbuch der Psychologie. Köln: Pahl-Rugenstein, S. 402.
Collegium Internationale (1986): Psychiatriae Scalarum (CIPS): Internationale Skalen für Psychiatrie. Weinheim: Beltz (Test).
de Shazer, S. (1993): Der Dreh. Überraschende Wendungen und Lösungen in der Kurzzeittherapie (3. Aufl.) Heidelberg: Carl-Auer-Systeme.
Dirksmeier, C. (1991): Erfassung von Problemlösefähigkeit. Konstruktion und erste Validierung eines Diagnostischen Inventars. Münster/ New York: Waxmann.
Dörner, K. (1975): Diagnosen der Psychiatrie. Über die Vermeidungen der Psychiatrie und Medizin. Frankfurt: Campus.
Dörner, D. (1976): Problemlösen als Informationsverarbeitung. Stuttgart: Kohlhammer.
Dörner, D. (1989): Die Logik des Mißlingens. Strategisches Denken in komplexen Situationen. Reinbek: Rowohlt.

Dörner, D., Kreuzig, H.W., Reither F., Stäudel, T. (1983): Lohhausen: Vom Umgang mit Unbestimmtheit und Komplexität. Bern: Huber.
DSM-IV: Diagnostisches und Statistisches Manual Pychischer Störungen (1996): übersetzt nach der vierten Auflage des Diagnostic and statistical manual of mental disorders der American Psychiatric Association/ dt. Bearb. und Einf. von H. Sass, H.-U. Wittchen, M. Zaudig, Göttingen: Hogrefe.
Dziewas, H., Grawe, K. (1978): Das Interaktionelle Problemlösungsvorgehen (IPV) in Gruppen. Mitteilungen der DGVT, Sonderheft I: Fortschritte in der Verhaltenstherapie, S. 50–62.
D'Zurilla, T. J., Goldfried, M. R. (1971): Problem solving and behavior modification. Journal of Abnormal Psychology, 78, S. 107–126.
Echelmeyer, L., Engberding, M. (1984): Ein Modell der Handlungsregulation für den Problemlöseprozeß in der Depressionstherapie. In: Studien zur Handlungstheorie und Psychotherapie. 2. Landau: EWH Rheinland-Pfalz.
Edelmann, W. (1986): Lernpsychologie. Eine Einführung. München: Urban & Schwarzenberg. (Psychologie Verlags Union).
Ellis, A. (1977): Die rational-emotive Therapie: Das innere Selbstgespräch bei seelischen Problemen und seine Veränderung. München: Pfeiffer.
Engberding, M. (1996). Problemlösen – Ein Orientierungsmodell für Analyse und Therapie psychischer Störungen. In: Caspar, F. (Hrsg.) (1996a). Psychotherapeutische Problemanalyse (Forum für Verhaltenstherapie und psychosoziale Praxis, Bd. 23) (S. 87–131). Tübingen: dgvt-Verlag.
Fiedler, P. A. (1979): Diagnostische und therapeutische Verwertbarkeit kognitiver Verhaltensanteile. Praktische Ansätze für eine kognitive Therapie. In: Hoffmann, N. (Hrsg.): Grundlagen kognitiver Therapie. Theoretische Modelle und ihre praktische Anwendung. Bern: Huber, S. 205–251.
Fiedler, P. A. (Hrsg.) (1981): Psychotherapieziel Selbstbehandlung. Grundlagen kooperativer Psychotherapie. Weinheim: edition Psychologie.
Fiedler, P. A. (1997): Therapieplanung in der modernen Verhaltenstherapie. Von der allgemeinen zur phänomen- und störungsspezifischen Behandlung. Verhaltenstherapie und Verhaltensmedizin 18 (Heft 1).
Fischer, P. (1985): Biographie als Anstoß zur Selbstreflexion. Möglichkeiten einer subjektzentrierten therapeutischen Diagnostik. In: Fischer, P. (Hrsg.): Therapiebezogene Diagnostik-Ansätze für ein neues Selbstverständnis. Tübingen: DGVT. Tübinger Reihe 3, S. 39–56.
Florin, I., von Rosenstiel, L. (1976): Leistungsstörung und Prüfungsangst. Ursachen und Behandlung. München: Goldmann.
Försterling, F. (1980): Kognitive Verhaltenstherapie: Abgrenzung und Gegenüberstellung der RET (Ellis) von den Ansätzen von Beck und Meichenbaum. In: Schulz, W., Hautzinger, M.: Klinische Psychologie

und Psychotherapie. Bd. 1. Kongreßbericht Berlin 1980. Tübingen: DGVT, 105–114.

Försterling, F. (1986): Attributionstheorie in der Klinischen Psychologie. München: Urban & Schwarzenberg.

Frank, R. (1997). Qualitätssicherung durch Psychotherapie-Supervision. In: A.-R. Laireiter, H. Vogel (Hrsg.) (1997). Qualitätssicherung von Psychotherapie - Ein Werkstattbuch. Tübingen: dgvt-Verlag.

Frank, U., Fiegenbaum, W. (1994), Therapieerfolgsmessung in der psychotherapeutischen Praxis. Zeitschrift für Klinische Psychologie, 23 (4), 268–275.

Fydrich, T., Laireiter, A.-R., Saile, H., Engberding, M. (1996). Diagnostik und Evaluation in der Psychotherapie: Empfehlungen zur Standardisierung. Zeitschrift für Klinische Psychologie, 25 (2), 161–168.

Fydrich, T., Renneberg, B., Schmitz, B. , Wittchen, H.-U. (1997, im Druck) SKID-II. Strukturiertes Klinisches Interview für DSM-IV, Achse II (Persönlichkeitsstörungen). Göttingen: Beltz Test GmbH.

Goldstein, A. P. (1977): Methoden zur Verbesserung von Beziehungen. In: Kanfer, F. H., Goldstein, A.P. (Hrsg.): Möglichkeiten der Verhaltensänderung (Helping people change, 1975). München: Urban & Schwarzenberg, S. 17–25.

Grawe, K. (1978): Die diagnostisch-therapeutische Funktion der Gruppeninteraktion in verhaltenstherapeutischen Gruppen. Hamburg: Psychiatrische Universitätklinik, unveröffentlichtes Manuskript, Oktober 1978.

Grawe, K. (Hrsg.) (1980): Verhaltenstherapie in Gruppen. München: Urban & Schwarzenberg.

Grawe, K. (1982): Anwendungsmöglichkeiten und Implikationen der Vertikalen Verhaltensanalyse für die Sichtweise und Behandlung psychischer Störungen, 4. Bern: Psychologisches Institut der Universität Bern.

Grawe, K. (1987): Psychotherapie als Entwicklungsstimulation von Schemata. Ein Prozeß mit nicht vorhersehbarem Ausgang. In: Caspar, F. (Hrsg.) (1987): a.a.O., S. 72-87.

Grawe, K., Braun, U. (1994). Qualitätskontrolle in der Psychotherapiepraxis. Zeitschrift für Klinische Psychologie, 23 (4), 242-267.

Grawe, K., Dziewas, H. (1978): Interaktionelle Verhaltenstherapie. Mitteilungen der DGVT, Sonderheft I: Fortschritte in der Verhaltenstherapie, S. 27-49.

Grawe, K., Caspar, F. (1984): Plananalyse als Konzept und Instrument für die Psychotherapieforschung. In: Baumann, U. (Hrsg.): Psychotherapie: Makro- und Mikroperspektiven. Göttingen: Hogrefe, 177–197.

Grawe, K., Donati, R., Bernauer, F. (1994): Psychotherapie im Wandel. Von der Konfession zur Profession. Göttingen: Hogrefe.

Grawe, K., Grawe-Gerber, M., Heiniger, B., Ambühl, H. , Caspar, F. (1996): Schematheoretische Fallkonzeption und Therapieplanung. In:

Caspar, F. (Hrsg.) (1996a). Psychotherapeutische Problemanalyse (Forum für Verhaltenstherapie und psychosoziale Praxis, Bd. 23) (S.189-224). Tübingen: dgvt-Verlag.
Greve, W. (1993): Ziele therapeutischer Interventionen: Probleme der Bestimmung, Ansätze der Beschreibung, Möglichkeiten der Begründung und Kritik. Zeitschrift für Klinische Psychologie, 22, 347-373.
Groeben, N. (1986): Handeln, Tun, Verhalten als Einheiten einer verstehend-erklärenden Psychologie. Wissenschaftstheoretischer Überblick und Programmentwurf zur Integration von Hermeneutik und Empirismus. Tübingen: Francke.
Groeben, N., Scheele, B. (1977): Argumente für eine Psychologie des reflexiven Subjekts. Darmstadt: Steinkopff.
Guerney, B., Stollak, G. E. (1965): Problems in living, psychotherapy process research and an autoanalytic method. J. of Consulting Psychology, 29, 6, S. 581-585.
Hacker, W. (1973): Allgemeine Arbeits- und Ingenieurpsychologie. Berlin VEB Deutscher Verlag der Wissenschaften.
Haley, J. (1978): Gemeinsamer Nenner Interaktion - Strategien der Psychotherapie. München: Pfeiffer.
Hand, I. (1989): Verhaltenstherapie bei schweren Phobien und Panik - psychologische und medizinische Aspekte. In: Hand, I., Wittchen, H. U. (Hrsg.): Verhaltenstherapie in der Medizin. Berlin: Springer, S. 42-61.
Hand, I. (1990): Neurosen: Klassifikation und Diagnostik. In: Baumann, U., Perrez, M. (Hrsg.): Klinische Psychologie. Bd. 1: Grundlagen, Diagnostik, Ätiologie. Bern: Huber.
Hartung, J. (1990): Psychotherapie phobischer Störungen. Zur Handlungs- und Lageorientierung im Therapieprozeß. Wiesbaden: Deutscher Universitätsverlag.
Herschbach, P., Klinger, A., Odefey, S. (1980): Die Therapeut-Klient-Beziehung. Salzburg: Müller.
Hinsch, R., Pfingsten, U. (1991): Gruppentraining sozialer Kompetenzen (GSK). München: Urban & Schwarzenberg.
Hoellen, B. (1996): Der problemanalytische Prozeß in den Kognitiven Verhaltenstherapien. In Caspar, F. (Hrsg.) (1996 a). Psychotherapeutische Problemanalyse (Forum für Verhaltenstherapie und psychosoziale Praxis, Bd. 23) (S.173-188). Tübingen: dgvt-Verlag.
Hoffmann, M. (1978): Zur Genese von Verhaltensstörungen aufgrund fehlgeschlagener Problemlösestrategien. Mitteilungen der DGVT, Sonderheft I: Fortschritte in der Verhaltenstherapie, S. 139-152.
Hogan, R.A. (1964). Issues and Approaches in Supervision, Psychotherapy: Theory, Research, and Practice, 1, 139-141.
Holling, H., Liepmann, D., König, F., Otto, J., Schmidt, J. U. (1980): Spezifische Zusammenhänge zwischen Problemlösefähigkeit, Intelligenz, Temperament, Interessen und Selbsteinschätzung. In: Schulz, W., Hautzinger, M. (Hrsg.): Klinische Psychologie und Psychotherapie. Bd. 2, S. 245-256. Tübingen/Köln: DGVT und GwG.

ICD-10: Internationale Klassifikation psychischer Störungen, Kapitel V (F); Klinisch-diagnostische Leitlinien/Weltgesundheitsorganisation (1993). Übers. und hrsg. von H. Dilling, W. Mombour, M. H. Schmidt. 2., korr. Aufl. Bern: Huber.

Jaeggi, E. (1979): Kognitive Verhaltenstherapie. Kritik und Neubestimmung eines aktuellen Konzepts. Weinheim: Beltz.

Kämmerer, A. (1983): Die therapeutische Strategie »Problemlösen« – theoretische und empirische Perspektiven in ihrer Anwendung in der kognitiven Psychotherapie. Münster: Aschendorff.

Kämmerer, A. (1987): Die therapeutische Strategie »Problemlösen« in der therapeutischen Beratung. In: Naber, H. (Hrsg.): Angewandte Problemlösepsychologie. Münster: Aschendorff, S. 287–318.

Kaminski, G. (1970): Verhaltenstheorie und Verhaltensmodifikation. Stuttgart: Klett.

Kanfer, F. H., Saslow, G. (1976): Verhaltenstheoretische Diagnostik. In: Schulte, D. (Hrsg.) (1976 a): Diagnostik in der Verhaltenstherapie. München: Urban & Schwarzenberg, S. 24–59.

Kanfer, F. H., Reinecker, H., Schmelzer, D. (1996, 2. Aufl.): Selbstmanagement-Therapie. Berlin: Springer.

Kemmler, L., Echelmeyer, L. (1978): Anamnese-Erhebung. In: Pongratz L. J. (Hrsg.): Handbuch der Psychologie, Bd. 8 (2), Klinische Psychologie. Göttingen: Hogrefe, S. 1628–1648.

Kemmler, L., Borgart, J. (1982): Interpersonelles Problemlösen. Zu einer deutschen Fassung des Mittel-Ziel-Problemlösungs-Verfahrens (means-ends problem-solving procedure) von Spivack, Platt und Shure. Diagnostica, 28, 4. S. 307–325.

Kemmler, L., Borgart, J. (1991): Der Einsatz von Hausaufgaben in der Psychotherapie: ein Gruppenvergleich zwischen Verhaltenstherapeuten und Therapeuten anderer Schulrichtungen. Verhaltensmodifikation und Verhaltensmedizin, 12 (1), S. 3–18.

Keupp, H. (1972): Psychische Störungen als abweichendes Verhalten. Zur Soziogenese psychischer Störungen. München: Urban & Schwarzenberg.

Keupp, H., Zaumseil, M. (1978): Die gesellschaftliche Organisierung psychischen Leidens. Zum Arbeitsfeld klinischer Psychologen. Frankfurt: Suhrkamp.

Klemm, O. (1954): Leistung. In: Klemm, O.: Wege zur Ganzheitspsychologie. München: Beck.

Klix, F. (1971): Information und Verhalten. Bern: Huber.

Krause, R., Echelmeyer, L. (1981): Analyse-Ebenen im diagnostisch-therapeutischen Prozeß. In: Bommert, H., Hockel, M. (Hrsg.): Therapieorientierte Diagnostik. Stuttgart: Kohlhammer, 94–114.

Kuhl, J. (1983): Motivation, Konflikt und Handlungskontrolle. Berlin: Springer.

Laireiter, A.-R. (1994). Dokumentation psychotherapeutischer Fallverläufe. Zeitschrift für Klinische Psychologie 23 (4), 236–241.

Laireiter, A.-R., Baumann, U. (1996). Dokumentation von Verhaltenstherapie. In: Margraf, J. (Hrsg.): Lehrbuch der Verhaltenstherapie. Band 1 (S. 499–524). Berlin: Springer.
Laireiter, A.-R., Lettner, K., Baumann, U. (1996). Dokumentation von Psychotherapie. Möglichkeiten und Grenzen. In: Caspar, F. (Hrsg.) (1996a). Psychotherapeutische Problemanalyse (Forum für Verhaltenstherapie und psychosoziale Praxis, Bd. 23) (S. 315–343). Tübingen: dgvt-Verlag.
Laireiter, A.-R., Vogel, H. (Hrsg.) (1997). Qualitätssicherung von Psychotherapie – Ein Werkstattbuch. Tübingen: dgvt-Verlag.
Lauth, G.-W. (1991): Lernen: Intervention. In: Perrez, M., Baumann, U. (Hrsg.): Lehrbuch Klinische Psychologie, Bd. 2: Interventionen. Bern: Huber, S. 213–223.
Lazarus, A. A. (1973): Fragebogen zur Lebensgeschichte. Rutgers, N. Y. Unveröffentlichte überarbeitete Fassung der Beratungsstelle am Fachbereich Psychologie der Westfälischen Wilhelms-Universität, Münster, 1986.
Lazarus, A. A. (1978): Multimodale Verhaltenstherapie (Multimodal behavior therapy, 1976). Frankfurt am Main: Fachbuchhandlung für Psychologie.
Leontjew, A. N. (1973): Probleme der Entwicklung des Psychischen. Frankfurt: Athenäum.
Linden, M., Hautzinger, M. (Hrsg.) (1981): Psychotherapie-Manual. Sammlung psychotherapeutischer Techniken und Einzelverfahren. Berlin: Springer.
Mahoney, M. J. (1977): Kognitive Verhaltenstherapie. Neue Entwicklungen und Integrationsschritte (Cognition and behavior modification, 1974). München: Pfeiffer.
Margraf, J. (Hrsg.) (1996): Lehrbuch der Verhaltenstherapie. 2 Bände. Berlin: Springer.
Margraf, J., Rudolf K. (Hrsg.) (1995): Training sozialer Kompetenz. Baltmannsweiler: Röttger-Schneider (Praxis der Verhaltenstherapie; 29).
Margraf, J., Schneider, S., Ehlers, A. (Hrsg.) (1994): Diagnostisches Interview bei psychischen Störungen (DPS). 2. Auflage. Berlin: Springer.
Marks, I. M. (1987): Fears, phobias, and rituals. Panic, anxiety, and their disorders. New York: Oxford University Press.
Marx, E. (1988): Problem solving therapy. In: Fraser, N. W. (Hrsg.): New Developments in Clinical Psychology, Vol. II, (pp. 35–53). Chichester, John Wiley (BPS Books).
Meichenbaum, D. (1979): Kognitive Verhaltensmodifikation. München: Urban & Schwarzenberg.
Michalak, U., Vielhaber, N. (1996). Ansatzpunkte und Strategien zur Förderung von Veränderungsmotivation. In: Reinecker, H. & Schmelzer, D. (Hrsg.) (1996). Verhaltenstherapie, Selbstregulation, Selbstmanagement. Frederick H. Kanfer zum 70. Geburtstag (S. 145–164). Göttingen; Bern; Toronto; Seattle: Hogrefe.

Miller, G. A., Galanter, E. H., Pribram, K. H. (1973): Strategien des Handelns. Pläne und Strukturen des Verhaltens (Plans and the structure of behavior, 1960). Stuttgart: Klett.
Minuchin, S. (1977): Familie und Familientherapie. Theorie und Praxis struktureller Familientherapie (Families and family therapy, 1976). Freiburg: Lambertus.
Oesterreich, R. (1981): Handlungsregulation und Kontrolle. München: Urban & Schwarzenberg.
Otto, J. (1979): Attributionsproblematik und kognitive Therapie. In: Hoffmann, N.: Grundlagen kognitiver Therapien. Bern: Huber.
Platt, J. J., Spivack, G., Bloom, W. (1975): Manual for the Means-Ends Problem Solving Procedure (MEPS). A measure of interpersonal cognitive problem-solving skills. Hahnemann Community Mental Health/Mental Retardation Center. Department of Mental Health Sciences. Hahnemann Medical College and Hospital.
Plessen, U., Kaatz, S. (1985): Supervision in Beratung und Therapie. Salzburg: Otto Müller Verlag.
Quekelberghe, R. van (1979): Systematik der Psychotherapie. München: Urban & Schwarzenberg.
Quekelberghe, R. van (1986): Studien zur Handlungstheorie. Landau: EWH, Bd. 2, 1984, Bd. 3.
Quekelberghe, R. van, Eickels, N. van (1982): Handlungstheorien, Tätigkeitstheorie und Psychotherapie. Tübingen: DGVT.
Quekelberghe, R. van, Eickels, N. van (Hrsg.) (1983): Handlungstheorie und psychotherapeutische Problemanalyse. Landau: EWH.
Rehahn, S., Sommer, G. (1982): Komponenten eines Eigensteuerungs-Modells. In: Quekelberghe, R. van, Eickels, N. van: Handlungstheorien, Tätigkeitstheorie und Psychotherapie. Tübingen: DGVT, S. 87-107.
Reinecker, H. (Hrsg.) (1994, 2. Aufl.): Grundlagen der Verhaltenstherapie. München/Weinheim: Psychologie Verlags Union.
Reinecker, H. (1990): Zwangshandlungen und Zwangsgedanken. In: Reinecker, H. (Hrsg.): Lehrbuch der Klinischen Psychologie. (S. 107-125). Göttingen: Hogrefe.
Reinecker, H., Schmelzer, D. (Hrsg.) (1996). Verhaltenstherapie, Selbstregulation, Selbstmanagement: Frederick H. Kanfer zum 70. Geburtstag. Göttingen; Bern; Toronto; Seattle: Hogrefe.
Revenstorf, D. (1993-1996): Psychotherapeutische Verfahren, Bd. I-IV, (2. bzw. 3. Aufl.). Stuttgart: Kohlhammer.
Richter, R. (1994). Qualitätssicherung in der Psychotherapie. Zeitschrift für Klinische Psychologie, 23 (4), 233-235.
Röhrle, B. (1988): Fragebogen zur verhaltenstherapeutischen Diagnostik depressiver Störungen. Ein Kompendium. Tübingen: DGVT (Materialie Nr. 20).
Sachse, R. (1979): Praxis der Verhaltensanalyse. Stuttgart: Kohlhammer.

Schiepek, G. (1986): Systemische Diagnostik in der Klinischen Psychologie. Weinheim: Psychologie Verlags Union, Beltz.
Schiepek, G., Kaimer, P. (1996). Systemische Diagnostik im Fluß praktischer Erfahrungen. In: Caspar, F. (Hrsg.) (1996a). Psychotherapeutische Problemanalyse (Forum für Verhaltenstherapie und psychosoziale Praxis, Bd. 23) (S. 269–301). Tübingen: dgvt-Verlag.
Schindler, L. (1991). Die empirische Analyse der therapeutischen Beziehung. Beiträge zur Prozeßforschung in der Verhaltenstherapie. (Lehr- und Forschungstexte Psychologie 41). Berlin/Heidelberg: Springer.
Schlippe, A. von (1984): Familientherapie im Überblick. Basiskonzepte, Formen, Anwendungsmöglichkeiten (Integrative Therapie; Beiheft 6). Paderborn: Junfermann.
Schmidt, L. R., Keßler, B. H. (1976): Anamnese. Methodische Probleme, Erhebungsstrategien und Schemata. Weinheim: Beltz.
Scholz, O. B. (1987): Ehe- und Partnerschaftsstörungen. Stuttgart: Kohlhammer.
Schorr, A. (1984): Die Verhaltenstherapie. Ihre Geschichte von den Anfängen bis zur Gegenwart. Weinheim: Beltz.
Schulte, D. (Hrsg.) (1976 a): Diagnostik in der Verhaltenstherapie. München: Urban & Schwarzenberg.
Schulte, D. (1976 b): Ein Schema für Diagnose und Therapieplanung in der Verhaltenstherapie. In: Schulte, D. (1976 a). (S. 75–104).
Schulte, D. (1986): Verhaltenstherapeutische Diagnostik. In: DGVT (Hrsg.): Verhaltenstherapie, Theorien und Methoden. Tübingen: DGVT, S. 16–42.
Schulte, D. (1993). Wie soll Psychotherapieerfolg gemessen werden? Zeitschrift für Klinische Psychologie, 22, 374–393.
Schulte, D. (1996 a). Therapieplanung. Göttingen; Bern; Toronto, Seattle: Hogrefe.
Schulte, D. (1996 b). Lohnt sich eine Verhaltensanalyse? In: Caspar, F. (Hrsg.) (1996 a). Psychotherapeutische Problemanalyse (Forum für Verhaltenstherapie und psychosoziale Praxis, Bd. 23) (S. 45–63). Tübingen: dgvt-Verlag.
Schwäbisch, L., Siems, M. (1974): Anleitung zum sozialen Lernen für Paare, Gruppen und Erzieher. Reinbek b. Hamburg: Rowohlt Tb.
Seidel, R. (1976): Denken, Psychologische Analyse der Entstehung von Problemen. Frankfurt: Campus.
Selvini-Palazzoli, M., Boscolo, L., Cecchin, G., Prata, G. (1977): Paradoxon und Gegenparadoxon. Ein neues Therapiemodell für die Familie mit schizophrener Störung (Paradosso e controparadosso, 1975). Stuttgart: Klett.
Semmer, N., Pfäfflin, M. (1978): Interaktionstraining. Weinheim: Beltz.
Semmer, N., Frese, M. (1979): Handlungstheoretische Implikationen für kognitive Therapie. In: Hoffmann, N. (Hrsg.): Grundlagen kognitiver Therapie. (S. 115–153). Bern: Huber.

Shelton, J. L., Ackerman, J. M. (1978): Verhaltensanweisungen. Hausaufgaben in der Beratung und Psychotherapie. München: Pfeiffer.
Sommer, G., Ernst, H. (1977): Gemeindepsychologie. München: Urban & Schwarzenberg.
Stahl, T. (1988): Triffst du 'nen Frosch unterwegs ... NLP für die Praxis. Hrsg. u. bearb. von Isolde Kirchner u. Josef Weiß. Paderborn: Junfermann.
Thomann, C., Schulz von Thun, F. (1988): Klärungshilfe. Reinbek b. Hamburg: Rowohlt Tb.
Thomas, A. (Hrsg.) (1976): Psychologie der Handlung und Bewegung. Meisenheim am Glan: Hain. Psychologia Universalis, Bd. 32.
Tuschen, B. (1996). Störungsorientierte Diagnostik: Neue Akzente bei der Problem- und Verhaltensanalyse. In: Caspar, F. (Hrsg.) (1996 a). Psychotherapeutische Problemanalyse (Forum für Verhaltenstherapie und psychosoziale Praxis, Bd. 23) (S. 133–153). Tübingen: dgvt-Verlag.
Ullrich, R., Ullrich, R. (Hrsg.) (1978): Soziale Kompetenz. München: Pfeiffer, 2 Bde.
Ullrich, R., Ullrich, R. (1979): Das Situationsbewertungssystem. Testmappe SB/EMI-S. München: Pfeiffer (Reihe »Leben lernen«).
Ullrich, R., Ullrich de Muynck, R. (1980): Diagnose und Therapie sozialer Störungen. München: Pfeiffer.
Unnewehr, S., Schneider, S. & Margraf, J. (Hrsg.) (1995). Kinder-DIPS. Diagnostisches Interview bei psychischen Störungen im Kindes- und Jugendalter. Berlin: Springer.
Volpert, W. (1974): Handlungsstrukturanalyse als Beitrag zur Qualifikationsforschung. Köln: Pahl-Rugenstein.
Watzlawick, P., Weakland, J. H., Fisch, R. (1974): Lösungen. Zur Theorie und Praxis menschlichen Wandels (Change. Principles of Problem Formation and Problem Resolution, 1974). Bern: Huber.
Wessler, R., Wessler R. (1980): The principles and practice of rational-emotive therapy. San Francisco: Jossey-Bass.
Westmeyer, H. (1987): Möglichkeiten der Begründung therapeutischer Entscheidungen. In: Caspar, F. (1987) (S. 20–31).
Winter, E. (1996). Hintergrundpapier zum Symposium »Qualitätssicherung in einem differenzierten Hochschulsystem«. Unveröffentlichtes Manuskript.
Wittchen, H. U., Zaudig, H., Schramm, E., Spengler, P., Mombour, W., Klug, J., Horn, R. (1987): Strukturiertes klinisches Interview für DSM-III-R (SKID) (Testversion). Weinheim: Beltz.
Wittchen, H.-U., Wunderlich, U., Gruschwitz, S., Haudig, M. (1997). Strukturiertes Klinisches Interview für DSM-IV, Aches-I (SKID). Göttingen: Beltz Test GmbH.
Wittchen, H.-U., Zaudig, M., Fydrich, T., Renneberg, B., Schmitz, B. (in Vorbereitung). SKID-II. Strukturiertes Klinisches Interview für DSM-IV, Achse II. Göttingen: Beltz Test GmbH.

Zaumseil, M. (1977): Grundlagen und Verfahren des diagnostisch-therapeutischen Prozesses in der Verhaltenstherapie. Hamburg: Psychologisches Institut III., unveröffentlichtes Manuskript, August 1977.
Zaworka, W., Hand, I., Jauernig, G., Lünenschloß, K. (1983): Hamburger Zwangsinventar (HZI). Weinheim: Beltz Test.
Zimmer, D. (Hrsg.) (1983): Die therapeutische Beziehung. Weinheim: edition Psychologie.

Autorenverzeichnis